Hans Stolp
Die erlösende Kraft des Verzeihens

Hans Stolp

Die erlösende Kraft des
Verzeihens

Durch aufrichtiges Vergeben alte Bande
auflösen und wahrhaft frei sein

Aquamarin Verlag

1. Auflage 2005
Deutsche Originalausgabe
© Aquamarin Verlag GmbH
Voglherd 1   D-85567 Grafing
www.Aquamarin-Verlag.de

Umschlaggestaltung: Annette Wagner
Druck: Bercker Kevelaer

ISBN 3-89427-279-1

Inhalt

Kapitel 1 • Vergebung ist der erste
Schritt auf dem Einweihungsweg 9
  Gefühle, die verhärten
  und innerlich zerfressen 9
  Vergeben ist nicht einfach 11
  Der Umgang mit der Opferrolle 12
  Drei Einsichten, die der Vergebung 16
  vorangehen müssen 16
  Distanz und Nähe 18
  Der Wille zum Verzeihen 20

Kapitel 2 • Von der Rache zur Vergebung 23
  Die Vergebungslehre in der Bibel 23
  Vergebung und Karma 31

Kapitel 3 • Wahrheit und Versöhnung 35
  Die Botschaft des Nelson Mandela 35
  Ein erstes, hoffnungsvolles Zeichen 39
  Keine Zukunft ohne Vergebung 43

Kapitel 4 • Eine Begegnung im Licht 47

Kapitel 5 • Karma und Vergebung 55

Kapitel 6 • Die Kunst der Vergebung 63
   Das Ego und das höhere Selbst 66

Kapitel 7 • Vergebung als Einweihungsweg 71

Kapitel 8 • Die vier Merkmale 99

Kapitel 9 • Zwei Beispiele aus dem
Neuen Testament.. 111
   Jesus und die Ehebrecherin 111
   Die beiden Mörder am Kreuz......................... 119

Kapitel 10 • Erfahrungen aus
dem täglichen Leben 123
   1) Das widerspenstige Ego 123
   2) Lerne, dir selbst zu vergeben..................... 128
   3) Vergebung für und von Verstorbenen............. 130
   4) Wie oft sollte man vergeben? 132
   5) Ist wahres Vergessen möglich? 134
   6) Die Bitte um Vergebung............................ 135
   7) Das Christus-Licht.................................... 137

*In Dankbarkeit denen gewidmet, die mich die schwierige Lektion der Vergebung gelehrt haben:
Meiner Mutter und COJ*

Kapitel 1

Vergebung ist der erste Schritt auf dem Einweihungsweg

Gefühle, die verhärten und innerlich zerfressen

Erst wenn ein Mensch sich an einem bestimmten Zeitpunkt seines Lebens einmal die Muße einräumt, um zurückzuschauen, erkennt er, was alles in den zurückliegenden Jahren geschehen ist. Er wird dankbar feststellen, über wie viele schöne, rührende und glückliche Erinnerungen er verfügt. Daneben wird er aber auch auf Erfahrungen und Situationen stoßen, die ihm noch immer Kummer und Schmerzen bereiten. Er wird sich an Augenblicke höchster Liebe erinnern, an die unvergesslichen Momente vollkommener Glückseligkeit; aber auch an jene traurigen Stunden, in denen Abschied genommen werden musste von einem geliebten Menschen. Oft liegen dann im Rückblick Freude und Leid nahe beieinander. Glück und lichtvolle Augenblicke zeigen sich neben jenen des Unglücks und der Dunkelheit. Das Leben kann dann auch grausame Züge annehmen.

Jeder Mensch trägt in seinem Inneren die Erinnerungen an jene Erfahrungen, in denen er in der Fülle des Lebens glücklich war, und an jene Erlebnisse, in denen er selbst ein wenig mitgestorben ist. Alle diese Bilder und Eindrücke bestehen nebeneinander in seinem Herzen, wo sie bis heute aufbewahrt sind.

Inmitten all dieser Bilder und Erinnerungen zeigen sich auch die Gesichter jener Menschen, die einem einst Leid und innere oder äußere Verletzungen zugefügt haben. Wenn diese vor das innere Auge treten, können sie noch immer Gefühle der Wut und des Schmerzes auslösen. Wenn sich diese Emotionen mit großer Macht zeigen, sind sie meistens Hinweise darauf, dass sie den Betreffenden noch immer innerlich 'zerfressen'. Sie entziehen ihm im wahrsten Sinne des Wortes seine Lebenskraft. Im „Bilderbuch seines Herzens" sind jene Szenen abgedruckt, die den Schmerz und das Leid verursachten – und ihre Verursacher. Es bedarf meist keiner großen Anstrengung, um diese Bilder abzurufen, sie zeigen sich vielfach ganz ohne Mühe. Viele Menschen blättern regelmäßig in ihrem persönlichen „Bilderbuch".

Diese Erinnerungen führen leider nicht nur dazu, die inneren Lebenskräfte aufzuzehren, sie verhärten den jeweiligen Menschen auch, der ihnen Raum gibt. Sie vermindern seine Feinfühligkeit und sein Mitgefühl und lassen ihn über andere urteilen, sie sogar verurteilen. Vor allem, wenn jene anderen Menschen auf die eine oder andere Weise etwas von jenen Eigenschaften ausdrücken, die einst diejenigen besaßen, die er als Quelle des eigenen Schmerzes in seinem „Bilderbuch" aufbewahrt.

So können diese, ohne es zu wissen, zum Ziel seines tiefsitzenden Hasses werden. Manche auf diese, manche auf jene Art, je nachdem welche Erinnerungen und Schmerz- oder Wutgefühle sie auslösen. Es sind also nicht andere Menschen, sondern die eigenen Erinnerungen, die jene negativen Emotionen freisetzen. Gewinnen diese die Überhand, kehren mit ihnen Misstrauen und Vorverurteilung in die Seele des Betreffenden ein. Dann machen diese alten Erinnerungen manchmal einsam, sehr einsam. Wer andere Menschen ständig be- oder verurteilt, verliert letztlich jeden seiner Freunde; denn wahre Freundschaft erträgt kein Urteil.

Vergeben ist nicht einfach

Die christlichen Kirchen lehren, man solle seinen Feinden vergeben. Aber wie soll diese Vergebung konkret vonstatten gehen? Oft sind Gefühle der Wut, des Kummers und des Schmerzes so machtvoll, dass man sie nicht einfach verdrängen oder vergessen kann. Dies ist nicht allein eine Angelegenheit des Wollens. Doch besteht eine Voraussetzung, um vergeben zu können, darin, die schmerzhaften alten Erinnerungen aufzulösen. Erst wenn die alten Eindrücke aus dem „Bilderbuch des Herzens" gelöscht wurden, kann man dem Menschen, der sie ausgelöst hat, wieder unbefangen, freundlich und mit einem offenen Herzen begegnen.

Es klingt so einfach, wenn es heißt: Du sollst vergeben

und vergessen! Aber viele Menschen, die es versucht haben, schildern, dass es ihnen gar nicht möglich war, einfach nur als eine Tat des Willens zu vergeben. Sie konnten nicht einfach einen Schalter im Kopf oder im Herzen umlegen und sagen: Jetzt habe ich dem anderen vergeben. So einfach lässt sich dieses schwerwiegende Problem nicht lösen.

Es drängt sich der Eindruck auf, als wenn die kirchliche Vergebungslehre in ihrer simplen Form zum Scheitern verurteilt ist. Sie hinterlässt bei den Menschen eher Hilf- und Ratlosigkeit. Sie sollen ihren Peinigern vergeben, aber wenn sie es versuchen, erkennen sie die Unmöglichkeit dieses Unterfangens. Sie können nicht allein mit dem Willen versuchen, schmerzhafte alte Erinnerungen zu löschen und denen zu vergeben, die sie ausgelöst haben. Es gelingt nicht, nur durch eine willentliche Anstrengung alte Urteile und negative Gefühle umzuwandeln.

Der Umgang mit der Opferrolle

Ich habe als Pfarrer mit vielen Frauen und Männern gesprochen, die in ihrem Leben das Opfer von sexuellem Missbrauch waren. Wobei vor allem letztere extreme Schwierigkeiten hatten, ihre Schamgefühle zu überwinden und über ihre traumatischen Erlebnisse zu sprechen. Die öffentliche Meinung übersieht gelegentlich, dass auch eine große Zahl von Männern

Opfer von sexuellem Missbrauch geworden sind. Die Täter sind meist Familienangehörige. Manchmal sind es die Väter oder Stiefväter, die Mütter oder Stiefmütter, die Großeltern, die Onkel und Tanten oder auch die eigenen Geschwister. Es können aber auch Personen aus dem sozialen Umfeld gewesen sein, wie Lehrer oder Lehrerinnen, Priester oder Seelsorger. In vielen Fällen gab es eine starke emotionale Bindung oder ein Vertrauensverhältnis zwischen Täter und Opfer, welches die Verarbeitung des Geschehenen zusätzlich erschwert.

Auch eine Vergewaltigung löst tiefe und einschneidende Folgen aus; denn es geht nicht nur um eine körperliche, sondern vor allem um eine seelische Verletzung. Das Opfer ist häufig noch sehr jung und verfügt damit nicht über die geistige Einsicht, um das Geschehen einzuschätzen oder gar zu verarbeiten. Nicht selten fühlt sich sogar das Opfer schuldig, weil es nichts gegen den Vorfall unternommen und sich nicht gewehrt hatte. Vielleicht glaubt es sogar, das Ganze mit verursacht zu haben. Das Opfer sucht also in einem gewissen Maße die Ursache für das Geschehene nicht beim Täter – sondern bei sich selbst!

In einem solchen Fall leben die Opfer oft eine lange Zeit mit falschen Schuldgefühlen, die ihnen alle Vitalität und Lebensfreude rauben. Mit diesem Prozess geht dann häufig noch eine Unterdrückung der eigenen Gefühle einher, denn sie haben die (oft vielfache) Vergewaltigung nur überleben können, indem sie die eigenen Empfindungen verdrängten. Sie haben eine

Vorstellung darum errichtet, als ob „sie selbst" gar nicht dabei gewesen wären, sondern „nur ihr Körper". In ihrer Bilderwelt haben sie gleichsam „von weitem" zugesehen, was mit ihrem Körper geschah. Diese innere Abspaltung war die einzige Möglichkeit, um die Grausamkeit des Geschehens zu überleben. So entstand ein tiefgreifender Riss zwischen ihrem Körper und ihrer Seele. Diese Spaltung besteht oft ein Leben lang. Diese Opfer verharren während ihres ganzen Lebens in der Rolle eines Zuschauers. Es gelingt ihnen nicht mehr, wieder als Mitspieler beziehungsweise Mitspielerin am Spiel des Lebens teilzunehmen. Sie erdulden das Leben passiv, anstatt aktiv daran mitzuwirken. Dadurch werden sie ein zweites Mal zum Opfer.

Das Geschilderte macht deutlich, wie tiefgreifend die Folgen einer Vergewaltigung für die Opfer sind. Immer wieder versinken sie in der Einsamkeit, weil sie nur Zuschauer des Lebens und nicht Teilnehmer sind. Immer wieder überkommen sie Schuldgefühle, weil sie von der eigenen Schlechtigkeit überzeugt sind. Immer wieder quält sie der Gedanke, das Leben eigentlich nicht verdient zu haben. Es bedarf großer therapeutischer Anstrengungen, um Menschen, die in eine solche Opferrolle geraten sind, von ihren dunklen und belastenden Gefühlen zu befreien. Sie müssen irgendwann diese belastenden Emotionen bis zum letzten Rest noch einmal durchleben, um sich von ihnen lösen zu können. Sie müssen es wagen, ihre Wut und ihren Schmerz zuzulassen, um ihre wahren Gefühle zu finden. Wenn sie diesen Prozess

Schritt für Schritt durchlaufen haben, können sie zur Erkenntnis ihres wirklichen Wesens gelangen. Dann erst werden sie wissen, wer sie wahrhaft sind.

Was verlangt man daher, wenn man Menschen, die noch in diesem Prozess stecken, auffordert, zu vergeben und zu verzeihen? Wenn man das Opfer auffordert, dem Täter zu vergeben, ohne ihm vorher die Möglichkeit geboten zu haben, die alten Verletzungen aufzuarbeiten, zwingt man es geradezu zu einem weiteren Verdrängungsprozess. Doch wer das Alte verdrängt, wird nicht zum Neuen finden. Er wird keine wirkliche Heilung erfahren, sondern in der inneren Einsamkeit verharren, gequält von Hass- oder Schuldgefühlen. Niemand darf also ein Opfer auffordern, dem Täter zu vergeben, ehe nicht der innere Aufarbeitungsprozess abgeschlossen worden ist; denn diese Überforderung würde zu einer neuen Verdrängung führen und den beabsichtigten Heilungsprozess verhindern.

In vielen Gesprächen haben mir die Opfer häufig berichtet, welche Stationen sie auf dem Weg zur Heilung durchlaufen haben. Sie erzählten übereinstimmend, wie wichtig es für sie war, ihre Wut endlich anzunehmen und nicht durch ein oberflächliches Vergeben zu verdrängen. Wenn ihre Vergebung nur aufgesetzt war, bevor sie ihre tiefen Emotionen verarbeitet hatten, blieb sie unwirksam und war nicht wirklich erlösend. Es war gleich wichtig, sich die eigenen Verletzungen einzugestehen, die damit verbunden Emotionen und die Unfähigkeit, dem Täter zu vergeben.

Viele Menschen schilderten mir, dass sie einen gewissen unausgesprochenen Druck empfunden hätten, dem Täter zu vergeben. Sie mussten sich erst davon befreien und sich bewusst machen, dass sie noch nicht bereit waren, dem Täter zu verzeihen, weil noch keine Aufarbeitung des Geschehenen stattgefunden hatte. Die Aufforderung zu vergeben stellte gewissermaßen einen raffinierten Versuch dar, die alten Verletzungen nicht wirklich anzuschauen und bewusst zu durchleben. So sollten die lange zurückliegenden Schmerzen weiter verdrängt werden, wie es ohnehin schon viele Jahre der Fall gewesen war.

Ich fühlte mich, auch in meiner Aufgabe als Seelsorger, gelegentlich dazu berufen, einem Opfer zu sagen: „Es ist jetzt nicht die Zeit zu vergeben. Jetzt ist die Zeit, deine Wut mit ganzem Ernst zu betrachten und zu durchleben. Jetzt ist die Zeit, dir deinen Schmerz und deinen Zorn bewusst zu machen!"

Drei Einsichten, die der Vergebung vorangehen müssen

Aus meinen Gesprächen mit Opfern von sexuellem Missbrauch oder Vergewaltigungen habe ich drei wichtige Erkenntnisse gewonnen:

Erstens darf man nie auf eine 'billige Art' über Vergeben sprechen. Etwa im Sinne von: Du musst halt vergeben! Es gibt eine Zeit für die Wut und den Hass, und es gibt eine Zeit für das Vergeben! Es erfordert eine gewisse Weisheit, einem Menschen, der um Rat fragt, zuzuhören und zu beachten, um welche Zeit es für den Betreffenden geht. Verbleibt er noch in der Phase des Hasses oder ist er schon bereit, sich auf das Vergeben einzulassen. Wer in einer Beratungs- oder Therapie-Situation einen Menschen voreilig zum Vergeben drängt, der tötet das heilige Geschehen des Verzeihens; denn Verzeihen ist eine heilige Handlung – aber zur rechten Zeit!

Zweitens verstand ich, dass beim Vergeben eine erhebliche Vorarbeit geleistet werden muss. Erst müssen das alte Leid, die verdrängten Schmerzen und die aufgestaute Wut durchlebt und bearbeitet werden, ehe man letztlich vergeben kann. Man kann Menschen nicht einfach unvermittelt zum Vergeben auffordern, sondern man muss sie zuerst ein erhebliches Wegstück begleiten. Wenn dann die innere Arbeit geleistet wurde, kann der Prozess des Vergebens allmählich beginnen. Um überhaupt vergeben zu *können*, muss jeder einzelne Mensch eine schwere, oft lange andauernde innere Arbeit leisten, bis er schließlich zu dem Punkt kommt, an dem er seinem Peiniger vergeben kann.

Die dritte Einsicht bezieht sich auf die alte Tradition der Einweihung, die in der christlichen wie auch in allen anderen Religionen stets eine bedeutende Rolle gespielt hat. Der Weg zur Vergebung wird häufig auch als „Einweihungsweg" verstanden, weil man auf dem Weg der Arbeit am eigenen inneren Wesen sensibler und offener für die geistige Welt wird. So wird der

Verzeihungsprozess zum Einweihungsprozess, zum Weg in die innere Wirklichkeit. Jeder Mensch, der sich reinigt und befreit von Hass- und Rachegefühlen, von alten Schmerzen und lange aufgespeicherter Wut, überwindet so sein kleines Ego und wird offener und feinfühliger für die Segnungen jener höheren Welt, die ihn allzeit umgibt. Dieser innere Weg führt letztlich zur Begegnung mit der Welt der Engel und lässt das Wirken des kosmischen Christus verstehbar werden. Wer sich also innerlich entschließt, den Weg des Verzeihens zu beschreiten, betritt zugleich den Pfad zur Einweihung. Nur auf diesem Pfad wird in letzter Konsequenz wahre Verzeihung überhaupt erst möglich werden. Jeder, der sich auf diesen Weg begeben möchte, sollte sich jedoch bereits beim ersten Schritt bewusst sein, dass er viel Geduld und Ausdauer aufbringen muss, um eines Tages an sein Ziel zu gelangen. Wer voreilig und oberflächlich den Einweihungspfad beschreiten möchte, wird schon nach kurzer Zeit sein Scheitern eingestehen müssen.

Distanz und Nähe

Es war für mich ein bewegendes Geschehen, Menschen in ihrem Prozess zum Verzeihen begleiten zu dürfen und zu sehen, wie sie aus der Opferrolle herauswuchsen und zum Vergeben fanden. Sie hatten ihre alten Schmerzen, ihre Wut und ihre Ängste ernst genommen, hatten sie Schritt für Schritt noch einmal durchlebt, bis es ihnen möglich war, sie schließlich ganz loszulassen. So war es ihnen allmählich gelungen, die selbst errichtete Distanz zum Leben aufzugeben und sich wieder ganz einzulassen. Dies war eine entscheidende Veränderung in ihrer Lebensführung. Man kann es gar nicht hoch genug achten, wenn Menschen aus der Zuschauerrolle wieder herausfinden und erneut in die Lebendigkeit des Alltags eintreten. Es bedarf eines ungeheuren Mutes und einer gewaltigen Kraftanstrengung, um aus der Opferrolle herauszutreten und wieder zum Mitgestalter des Lebens zu werden! In dem Maße, wie Menschen dieser Schritt gelang, vermochten sie es auch, selbst die Täter mit anderen Augen zu betrachten. Sie sahen das Menschliche und vielleicht sogar das Gute in ihnen und überwanden so das Festhalten an ihrer schlechten und zerstörerischen Seite. Dies alles erleichterte es ungemein, zu vergeben und schließlich das Geschehene völlig zu vergessen.

Bemerkenswerterweise gewinnen Menschen, die durch solche schmerzlichen Verletzungsprozesse gegangen sind, eine außergewöhnliche Fähigkeit. Sie können willentlich in ihren Beziehungen zur Welt und zu anderen Menschen Distanz oder Nähe herstellen. Um dem Täter vergeben zu können, musste das Opfer in eine Position der Distanz gehen. Diese zu errichten, bedurfte einer gewissen inneren Arbeit. War sie einmal geleistet, blieb den Menschen diese Gabe. Sie konnten sich mit anderen Menschen vom Herzen her verbinden, sie konnten aber auch jederzeit wieder eine gesunde

Distanz herbeiführen. Aus der Distanz betrachtet, wird jede Wut und jeder Hass geringer. Jeder Täter gewinnt aus der Distanz heraus andere Züge und bietet so die Möglichkeit, auch positive Aspekte zum Vorschein kommen zu lassen. Diese Fähigkeit, sich aus Bindungen zu entflechten und sie gewissermaßen 'von Ferne' zu betrachten, ist eine außerordentlich hilfreiche Eigenschaft, um die Herausforderungen des Leben zu bewältigen.

Wem es als Opfer gelingt, zu seinem Täter Distanz herzustellen, hat einen entscheidenden Schritt hin zum Verzeihen getan; denn früher war der Täter meist der einzige Mensch, demgegenüber keine Distanz bestand. Wut, Schmerz oder Angst fesseln zwangsläufig an den Menschen, für den diese Gefühle empfunden werden. Dies ist ein entscheidender Grund, warum der Täter häufig so große Macht über das Opfer hat. Mit zunehmender Distanz nimmt diese Macht ab – auch dies ist ein bedeutungsvoller Teilschritt im Gesamtgeschehen.

Der Wille zum Verzeihen

Aus den Erlebnissen von Missbrauchsopfern lernte ich, dass Vergebung eine innere Entschlusskraft erfordert, die aber nicht gewissermaßen 'auf Befehl' erfolgen kann. Der Weg des Verzeihens ist ein langer, mühsamer Weg, der viele innere Kämpfe erfordert. Er ist ein wirklicher Heilwerdungs- und Einweihungsweg.

An seinem Anfang jedoch muss der Entschluss stehen,

einem anderen Menschen wirklich *vergeben zu wollen*. Wer jemanden auf dem Weg zum Vergeben begleitet, sollte ihn bereits ganz früh darauf hinweisen, welche innere Arbeit vor ihm liegt, ehe Vergebung wirklich möglich ist. Der Entschluss, den Einweihungsweg zum Verzeihen zu beschreiten, sollte daher nicht leichtfertig gefasst werden, sondern nur, wenn man bereit ist, die damit verbundenen Herausforderungen auch anzunehmen.

Zudem wird sich sehr schnell zeigen, welche entscheidende Rolle das verletzte Ego in diesem Geschehen spielt. Wie leicht stellt es sich vor, wie der Täter auf Händen und Füßen gekrochen kommt, um unter Tränen um Verzeihung zu flehen. Mit dieser Voraussetzung scheint dann ein Verzeihen möglich zu werden. Doch diese Vorstellungen eines verletzten Egos entsprechen kaum der Wirklichkeit. Es geht beim wirklichen Verzeihen nämlich erst in zweiter Linie um den Täter und das, was er getan hat. Es geht vorrangig um uns selbst! Im Prozess des Vergebens geht es um unsere eigene innere Verwandlung, durch die wir so verändert werden, dass wir *unserer Natur gemäß* verzeihen können. Es kommt auf unsere eigene Transformation an, in der unser Herz, unser wahres Wesen, so frei und liebevoll wird, dass wir dem Täter mühelos vergeben können. Der Täter selbst wird auf dem Weg dahin möglicherweise nicht den geringsten Beitrag leisten.

Wenn wir ehrlich sind, wird jeder von uns einen oder mehrere Menschen finden, denen er noch etwas zu vergeben hat. Darum ist das Thema „Verzeihen und Vergeben" für die Menschheit von so grundlegender Bedeutung. Wir alle sind aufgefordert, den Einweihungsweg, den Weg nach innen, zu gehen, um Verzeihen zu lernen. An irgendeinem Punkt auf dem Lebensweg wird jeder Einzelne gefragt werden: „Bist du bereit, den Weg zur Einweihung zu beschreiten?"

Wer sich dann zu einem „Ja" durchringt, sollte in diesem Augenblick Gott im Gebet das Versprechen geben, diesen Weg wirklich bis zum Ende zu gehen. Wer dieses Versprechen abgibt, wird dann aus der göttlichen Welt auch die notwendige Kraft empfangen, um sein Versprechen zu erfüllen; denn ohne diese Kraft wird niemand den Weg erfolgreich beschreiten können.

Kapitel 2

Von der Rache zur Vergebung

Die Vergebungslehre in der Bibel

Alle religiösen Traditionen kennen die Aufforderung, Verzeihung zu gewähren, und heben ihre Wichtigkeit hervor. Auch Jesus lehrte im „Vaterunser", nicht nur um das tägliche Brot zu bitten, sondern auch zu vergeben. „Und vergib uns unsere Schuld, wie auch wir vergeben unsern Schuldigern."[1] Es ist auffällig, dass diese Bitte die einzige im Vaterunser ist, die eine Erklärung von Jesus erhält. Alle anderen Bitten sind offensichtlich so eindeutig, dass eine Hinzufügung entbehrlich ist. Mit der Vergebung scheint dies jedoch nicht der Fall zu sein, weshalb Jesus hinzufügt: „Denn wenn ihr den Menschen ihre Verfehlungen vergebt, dann wird euer himmlischer Vater auch euch vergeben. Wenn ihr aber den Menschen nicht vergebt, dann wird euch euer Vater eure Verfehlungen auch nicht vergeben."[2]

---

[1] Matth. 6,12
[2] ebd., 6,14,15 Einheitsübersetzung, Herder Verlag, Freiburg 1999

Mit dieser Ergänzung ruft Jesus seine Jünger auf, sich diesem Thema intensiver zuzuwenden und es im Gebet und in der Meditation zu überdenken. Erst in der Stille erschließt sich die tiefe Bedeutung dieses Gebotes.

Jesus verkündete seine Lehre nicht allein für die Menschen in Palästina vor zweitausend Jahren. Seine Worte waren für zukünftige Generationen bestimmt und haben auch heute noch nichts von ihrer Aktualität und Überzeugungskraft eingebüßt. Die Tatsache, dass Jesus dieser Bitte des Vaterunsers eine Erläuterung hinzufügte, zeigt, welche große Bedeutung dieses Gebot damals besaß und heute noch immer besitzt. Ich glaube, er war sich damals der zeitlosen Tragweite des Vergebungsgebotes vollauf bewusst. Auch heute noch erschließen sich den Menschen viele Jesus-Worte erst in ihrer ganzen Tiefe, wenn sie den geistigen Pfad beschritten haben.

Auch in der „Bergpredigt" spricht Jesus über die Vergebung und spitzt seine Ausführungen in den berühmten Worten zu: „Ihr habt gehört, dass gesagt worden ist: Auge für Auge und Zahn für Zahn. Ich aber sage euch: Leistet dem, der euch etwas Böses antut, keinen Widerstand, sondern wenn dich einer auf die rechte Wange schlägt, dann halte ihm auch die andere hin."[3]

Es ist vor allem dieser Satz Jesu, der bis in die heutige Zeit für Kontroverse und Verwirrung gesorgt hat. Dürfen wir uns denn nicht verteidigen? Dürfen wir denn bei einem gewaltsamen Einbruch unsere Lieben, die mit Waffen bedroht werden, nicht verteidigen und im Zweifelsfall

---

[3] Matth. 5,38,39

den Einbrecher eher selbst erschießen als uns erschießen zu lassen? Darf ein Volk, das angegriffen wird, sich nicht mehr verteidigen? Fragen, die Generationen von Individuen und Staatsmänner beschäftigt haben und die sich im Kern mit dem Thema des Verzeihens auseinandersetzen.

Um Jesu Worte zu verstehen, ist es vielleicht hilfreich, einen kurzen Blick auf die Geschichte des Verzeihens zu werfen, so wie sie sich im Verlauf etlicher Jahrtausende gezeigt hat. Wenn wir die menschliche Entwicklung betrachten, stellen wir fest, dass die Fähigkeit zum Vergeben gleichsam aus dem Nichts in den Gesellschaften des Altertums aufzutreten scheint. Dabei lassen sich drei Schritte ausmachen, in denen das Vermögen zu vergeben im Menschen erwacht ist.

1) In der Zeit vor dem Auftreten des Moses und des babylonischen Königs Hammurabi, die beide im 13. Jahrhundert v. Chr. lebten, gab es so etwas wie eine Vergebungslehre gar nicht. Moses und Hammurabi waren die ersten, welche den Menschen die Prinzipien der Vergebung darlegten. Bis dahin hatte das Verzeihen keine Rolle gespielt – es galt das Gesetz der Blutrache. Das Vergeben kannte die Menschheit nicht, nur das Vergelten!

Wenn es einen Streit zwischen zwei Angehörigen verschiedener Stämme oder Familien gab und der eine tötete den anderen, so hatte das zur Folge, dass zwischen den Stämmen oder Familien Blutrache herrschte, die manchmal fast bis zur Ausrottung der jeweiligen verfeindeten Gruppen führte.

Rache verlieh – und tut es auch heute noch – ein Gefühl der Befriedigung. Rache war und ist die einzige scheinbar vernünftige Antwort, welche das Ego kennt, wenn es verletzt worden ist. Wird das Ego durch jemanden gekränkt, kann man beobachten, wie das Gefühl nach Vergeltung oder Rache aufsteigt. Die Menschen der Zeit vor Moses besaßen nicht die Fähigkeit, die eigenen Emotionen selbstkritisch zu betrachten und über gefühlsmäßige Reaktionen erst einmal nachzudenken. Rache war die einzige Antwort, welche sie kannten. Emotionale Selbstkontrolle war in der damaligen Gesellschaft nicht vorhanden. Die Gefühle leiteten den Menschen, und nicht umgekehrt. Erfolgte eine Verletzung, zog diese das Verlangen nach Rache nach sich, und folglich rächten die Menschen sich. Woraufhin ähnliche Rachegefühle beim bestraften Gegner entstanden und die schier unaufhaltsame Kette der Gewalt und Gegengewalt sich fortsetzte.

2) Im 13. Jahrhundert wurden mit dem Propheten Moses und dem König Hammurabi den Juden und den Babyloniern zwei große, charismatische Führer geboren. Beide schenkten ihren Völkern neue Gesetze; und beide Gesetzgebungen wiesen große Ähnlichkeiten auf. Die Charakterisierungen, die man für die Gebote des Moses treffen konnte, ließen sich ohne Schwierigkeiten auch für die Gesetze des Hammurabi anwenden. Man gewinnt beim Studium der Lehren dieser beiden zentralen

Gestalten des 13. Jahrhunderts vor Christus den Eindruck, als sei die Menschheit zu ihrer Zeit bereit gewesen, einen neuen Schritt in ihrer Bewusstseinsentwicklung zu vollziehen.

Nach der Überlieferung des Alten Testamentes erhielt Moses die Gesetze, die er seinem Volk brachte, von Gott selbst. Sie waren zusammengefasst in den „Zehn Geboten", die auf zwei Steintafeln geschrieben waren.[4] Diese wurden als heiligstes Gut in der Bundeslade aufbewahrt, die später, bis zu seiner Zerstörung, im Tempel von Jerusalem stand.

Die „Zehn Gebote", die Moses von Gott erhielt, wurden schrittweise zu zahllosen Anweisungen und religiösen Regeln ausgeweitet. Man kann diese Entwicklung noch heute in den alttestamentarischen Büchern Exodus, Levitikus und Deuteronomium nachlesen. Das Faszinierende an dieser neuen Gesetzgebung und ihren späteren Ausformungen besteht darin, dass Moses, auch wenn dies heute nicht unmittelbar nachvollziehbar ist, den Anfang einer Vergebungslehre setzte. So lehrte er etwa: „Wenn jemand einen Stammesgenossen verletzt, soll man ihm antun, was er getan hat: Bruch um Bruch, Auge um Auge, Zahn um Zahn. Der Schaden, den er einem Menschen zugefügt hat, soll ihm zugefügt werden."[5]

Wenn wir als Menschen des 21. Jahrhunderts diese Gebote lesen, erscheinen sie uns hart und grausam zu sein. Wir können uns in unserer Zeit nicht mehr vorstellen, dass Richter in unseren Gesellschaften solche

---
[4] Exodus 20
[5] Levitikus 24,19,20

Strafen aussprechen würden. Versetzt man sich jedoch in das Zeitalter des Moses, so waren diese Vorschriften unerhörte Herausforderungen, verlangten sie doch vom Einzelnen, seine Emotionen in einer Weise zu kontrollieren, wie sie bis dahin unbekannt war.

Was verlangte das Gesetz? Sie durften nur *einmal* zurückschlagen, und dann kein weiteres Mal. Das war eine schwere Beschränkung der Willkür, sich nicht endlos rächen zu dürfen und sich nicht unbegrenzt der Blutrache ergeben zu können. Es dauerte viele Jahrhunderte, bis die Menschen ihre Emotionen so weit zu beherrschen vermochten, dass sie die Blutrache aufgaben und sich auf das „Auge-um-Auge-Gesetz" des Moses beschränkten. Von daher stellte dieses Gebot einen wichtigen Schritt in der Bewusstseinsentwicklung der Menschheit dar. Es verwundert deshalb auch nicht, immer wieder im Alten Testament einen Bezug darauf zu finden. So steht im Deuteronomium ein Hinweis für die Richter über die Behandlung von Übeltätern. „Und du sollst in dir kein Mitleid aufsteigen lassen: Leben für Leben, Auge für Auge, Zahn für Zahn, Hand für Hand, Fuß für Fuß."[6]

Und Exodus 21 lehrt Moses selbst: „Ist weiterer Schaden entstanden, dann musst du geben: Leben für Leben, Auge für Auge, Zahn für Zahn, Hand für Hand, Fuß für Fuß, Brandmal für Brandmal, Wunde für Wunde, Strieme für Strieme."[7]

Die vielen Wiederholungen verdeutlichen, wie wichtig Moses die Verankerung des Gesetzes von „Auge

---

[6] Deut. 19,21
[7] Exodus 21,32,24

um Auge" für sein Volk war. Moses, und auf ganz ähnliche Art und Weise Hammurabi, initiierten also einen unerhörten Schritt vorwärts in der menschlichen Evolutionsgeschichte – den Übergang von der Epoche der Blutrache zur gesetzlichen Bestrafung. War diese erfolgt, durften die Rachegelüste zu keinen weiteren Schritten führen.

3) Viele Jahrhunderte später will Jesus seinen Jüngern einen neuen Schritt auf dem Pfad der Evolution, auf dem Weg zur Vergebung lehren. Er will ihnen vermutlich sagen: Ihr habt jetzt gelernt, nur einmal zurück zu schlagen und dann mit der Rache innezuhalten. Ich möchte euch aber jetzt erklären, dass das große kosmische Gesetz der Vergebung noch eine ganz andere Dimension enthält. Wer das große universelle Gesetz des Lebens verstanden hat, der schlägt gar nicht mehr zurück. Er lernt, dem anderen zu vergeben.

Jesus wollte damit deutlich machen, dass Moses seinem Volk das Gesetz des „Auge um Auge" nur gegeben hatte, weil die Menschen zu jener Zeit noch nicht in genügendem Maße die Kräfte des Herzens entfaltet hatten. Es gab zu wenig Liebe und zu geringe Beherrschung der Emotionen, um bereits weiterreichende Gesetze zu verstehen. Jesus wies nun darauf hin, um wieviel umfassender, größer und tiefer das kosmische Gesetz ist und auf welche Weise es über die Gebote des Moses hinausreicht. Er lehrte die Menschen die Gesetzmäßigkeit und die heilende Kraft der Vergebung. Er zeigte ihnen auf, wie innig Gott mit den Menschen verbunden war und ihnen unaufhörlich vergab. So hielt er sie dazu an, in ihrem Verhalten dem göttlichen Vorbild nachzustreben. Das beinhaltete natürlich die Aufgabe des Rachegedankens und seine Ersetzung durch Vergebung und Verzeihung. Wörtlich lehrte er, und aufgrund der großen Bedeutung sei es hier wiederholt: „Ihr habt gehört, dass gesagt worden ist: Auge für Auge und Zahn für Zahn. Ich aber sage euch: Leistet dem, der euch etwas Böses antut, keinen Widerstand, sondern wenn dich einer auf die rechte Wange schlägt, dann halte ihm auch die andere hin."[8]

Es verwundert nicht, dass dieser radikal neue und weiterführende Schritt im menschlichen Entwicklungsprozess, bei dem der Vergebung eine zentrale Rolle zukommt, anfänglich nur mit großen Schwierigkeiten angenommen wurde. Selbst die Jünger Jesu dürften das Gebot der Feindesliebe anfänglich nur schwer verstanden haben. Warum sollte man nicht zurückschlagen dürfen? Warum durfte man sich nicht verteidigen? Wieso sollte es keine gerechtfertigte (nach ihrer Meinung!) Strafe geben?

Auch heute noch ist diese Lehre Jesu für die meisten Menschen nur schwer annehmbar und umsetzbar. Zwar haben die Menschen einen erheblichen Schritt nach vorne getan, wenn man ihre Verhaltensweisen mit jenen zur Zeit des Moses vergleicht, indem sie davon abgekommen sind, selbst Rache auszuüben und diese den Richtern überlassen, aber ganz auf Rache zu verzichten, fällt den meisten noch immer sehr schwer.

---
[8] Matth. 5,38,39

Jesus wollte der Menschheit die universelle Lehre der Vergebung schenken, aber sie war noch nicht bereit, diese in ihre Herzen aufzunehmen. Noch immer üben die Menschen ihre kleine tägliche Rache aus. Wenn man verletzt wurde, dann schlägt man mit scharfen Worten zurück und hat nicht einmal ein Lächeln für den 'Feind' übrig. Wenn wir unseren eigenen Lebensweg betrachten, so stellen wir nicht selten fest, wie oft wir unsere kleine Rache ausüben und negativ denken und sprechen von Menschen, die uns vielleicht ein wenig geschadet oder verletzt haben. Wir glauben immer wieder gerne, so überaus überzeugende Gründe vorweisen zu können, um uns zu verteidigen oder zurückzuschlagen, anstatt Schmerzen, Beleidigungen oder Verletzungen lächelnd zu akzeptieren.

Vergebung und Karma

Wenn man die Worte Jesu liest, so scheinen sie auf den ersten Blick klar und eindeutig zu sein. Aber sind sie dies auch? Ich äußerte bereits die Vermutung, dass viele Aussprüche und Lehren Jesu vielleicht nicht vorrangig für seine Zeitgenossen, sondern für kommende Generationen gegeben wurden. Für eine Zeit, in der die Menschen in ihrem Bewusstsein bereit wären, die Tiefe seiner Botschaft zu verstehen. Dies scheint mir auch für die „Lehre von der linken und rechten Wange" zu gelten. Die esoterische Tradition bewahrte glücklicherweise die verborgene Bedeutung vieler Jesus-Worte auf.

In der heutigen Zeit treten viele alte karmische Verwicklungen ans Licht. Die esoterische Lehre spricht in diesem Zusammenhang von „Völker- oder Gruppen-Karma". Manches davon ist viele Jahrtausende alt, etwa der Konflikt zwischen Juden und Palästinensern. Der Anfang dieses Streites geht auf den Patriarchen Abraham und seine beiden Söhne Ismael und Isaak zurück. Ismael, der älteste, wurde damals mit leeren Händen fortgeschickt, während Isaak, der jüngste, der Erbe Abrahams wurde. Von Ismael stammen die arabischen Völker, von Isaak das jüdische Volk ab. In unseren Tagen fordert Ismael nun die Anerkennung als ebenbürtiger Sohn Abrahams. Er will endlich rehabilitiert werden und erträgt es nicht länger, als uneheliches Kind Abrahams weiterleben zu müssen. Der Ruf nach Anerkennung ertönt laut aus der Arabischen Welt, und wer in historischen Dimensionen denkt, versteht auch den Grund dafür.

Aus einer tieferen Perspektive betrachtet, geht es in diesen schicksalhaften weltgeschichtlichen Verknüpfungen um alte karmische Bindungen, die jetzt ins Bewusstsein drängen und nach Lösungen verlangen. Globales wie individuelles Karma will anerkannt, angeschaut und durchlebt werden, damit es endlich zur Auflösung gebracht werden kann.

Immer mehr Menschen empfinden ihr Leben als eine Sammlung unbegreiflicher und teilweise katastrophaler Situationen; doch diese enthalten sinnvolle Lektionen, um altes Karma endlich anzuerkennen und aufzulösen.

Der Schlüssel dazu heißt Vergebung. Die Menschen müssen den Übergang von der Maxime der Vergeltung zur Maxime der Vergebung erkennen und vollziehen. Wenn die Menschheit weiter nach dem „Prinzip Vergeltung" lebt, wird sie sich letztlich selbst zerstören. Wer das nach oben drängende Karma mit dem Gesetz des Moses, also mit dem „Prinzip Vergeltung", zu bearbeiten versucht, wird unaufhörlich in eine abwärts führende Spirale geraten. Wer noch immer nach Rache und Vergeltung verlangt, wird schneller in einen Abgrund geraten, als er es in seinen schlimmsten Träumen für möglich hielt, weil das zur Erfüllung drängende Karma, im Einzel- wie im Völker-Schicksal, so mächtig ist, dass es alles überwältigen würde, wenn es nicht durch Vergebung und Verzeihung aufgehalten und transformiert würde. Verzeihen und Vergeben bereitet den einzig möglichen Pfad, um durch das alte Karma hindurch einen Weg in eine neue, bessere Zukunft zu finden.

Der uralte Konflikt zwischen Juden und Palästinensern zeigt auf dramatische Weise, wie das Karma-Gesetz funktioniert, wenn die Doktrin des „Auge um Auge" zur Anwendung kommt. Solange sich diese beiden Völker nicht davon abkehren, wird es keinen Frieden geben. Erst wenn sie lernen, sich gegenseitig zu vergeben, werden Juden und Palästinenser imstande sein, eine neue, gemeinsame Zukunft aufzubauen. Es geht also noch immer um den Schritt, den Jesus bereits lehrte, den Schritt von der Vergeltung zur Vergebung. Die furchtbaren Geschehnisse des 20. Jahrhunderts und die dramatischen Ereignisse des noch kurzen neuen

Jahrtausends veranlassen die Menschheit hoffentlich endlich zu einem globalen Umdenken.

Wenn der Übergang vom Gebot des Moses zur Lehre Jesu vollzogen wird, vom Gebot des „Auge um Auge" zur Lehre der „linken und rechten Wange", wird der Anbruch eines neuen Zeitalters nicht mehr fern sein – des Zeitalters der Gnade.

Das alte Gesetz des „Auge um Auge" war wahrhaft das Zeitalter des Karma; die neue Lehre, mit ihrer Botschaft der Vergebung, wird das Zeitalter der Gnade begründen. Nur wenn Vergebung und Verzeihung Einkehr halten, auf individueller wie auf planetarischer Ebene, wird ein Zeitalter des Friedens heraufziehen. Die Zeit und die Menschheit scheint reif dafür zu sein, den großen Übergang in eine neue Bewusstseinsstufe zu vollziehen, in der Vergeltung von Vergebung und Karma von Gnade ersetzt wird.

Kapitel 3

Wahrheit und Versöhnung

Die Botschaft des Nelson Mandela

Im Jahr 1995 fand in Südafrika ein Ereignis von weltweiter Bedeutung statt. Es war ein Ereignis, das spätere Generationen vielleicht einmal als einen der Anfangsmomente eines neuen Zeitalters betrachten werden. Es hat mich gewundert, dass das Einzigartige und Außergewöhnliche dieses Geschehens in der Weltgemeinschaft nicht die ihm gebührende Beachtung gefunden hat. 1995 errichtete der damalige Präsident von Südafrika, Nelson Mandela, den „Ausschuss für Wahrheit und Versöhnung". Mandela war der erste schwarze Präsident von Südafrika, gewählt im Jahr 1994, nach der Machtübergabe durch das weiße Apartheid-Regime. Es dürfte vor allem das Verdienst von Mandela gewesen sein, dass in Südafrika der Übergang von der Apartheid zu einem demokratischen Staatswesen ohne Bürgerkrieg und Blutvergießen vonstatten ging.

Es war einer der seltenen Momente in der Geschichte

der Menschheit, in dem ein einzelner Mensch eine solche geistige Autorität besaß, dass er durch sein Wirken den Lauf der Weltgeschichte zu verändern vermochte. Es war Mandelas natürlicher, von jedermann respektierten Glaubwürdigkeit sowie seiner Schlichtheit und seinem Sinn für Humor zu verdanken, dass sich die Revolution in Südafrika auf friedlichen Wegen vollzog.

Wenn man sich die Geschichte Südafrikas betrachtet, so wird deutlich, welche großen Veränderungen sich auf gesellschaftlicher, vor allem aber auf spiritueller Ebene ereignen mussten. Über eine sehr lange Zeit hinweg gab es erbitterte Kämpfe zwischen der weißen und der schwarzen Bevölkerungsgruppe, wobei die Opfer weitgehend auf Seiten der letzteren lagen, und die Weißen sich durch grauenhafte Methoden zur Unterdrückung der schwarzen Mehrheit unrühmlich hervortaten. Vierzig Millionen Schwarze wurden von vier Millionen Weißen praktisch in einer modernen Form der Sklaverei gehalten.

Als nun das neue Südafrika eine politische Wirklichkeit geworden war, liefen noch immer zahlreiche Menschen, zumeist Weiße, frei herum, die entsetzliche Verbrechen begangen hatten. Verständlicherweise war daher die Atmosphäre zwischen Schwarzen und Weißen vergiftet und von Angst und Misstrauen geprägt. Vor allem viele Weiße befürchteten, es würde der Tag kommen, an dem die Schwarzen blutige Rache für das erlittene Unrecht nehmen würden.

Das Land glich einem Pulverfass, und Nelson Mandela stand vor der Herausforderung, alles unternehmen zu müssen, um die Lunte nicht zum Brennen zu bringen.

Würde ein Kriegsverbrecher-Tribunal, ähnlich wie nach dem Dritten Reich in Nürnberg oder auf internationaler Ebene in Den Haag, die Lösung bieten? Es konnte vielleicht kurzfristig einberufen werden und versuchen, zumindest die schlimmsten Verbrechen zu strafen und das gröbste Unrecht zu beseitigen. So mochte vielleicht in der Bevölkerung ein Gefühl von Gerechtigkeit Einkehr halten.

Doch Nelson Mandela entschied sich anders. Er setzte im Jahr 1995 den „Ausschuss für Wahrheit und Versöhnung" ein und ernannte den einflussreichen schwarzen Erzbischof Desmond Tutu zu seinem Vorsitzenden. Die Einsetzung dieses Ausschusses war ein einzigartiger Versuch, eine Aussöhnung zwischen den schwarzen und weißen Bewohnern Südafrikas herbeizuführen.

Der Ausschuss hatte sich vor allem zum Ziel gesetzt, jeden, der ein Kriegsverbrechen begangen hatte, zu begnadigen, wenn er mit lückenloser Offenheit öffentlich seine Vergehen bekannte. Dieses öffentliche Bekenntnis hatte zur Folge, dass sich vor dem Ausschuss häufig Täter und Opfer Auge in Auge gegenüber saßen, während der Täter seine Taten bekennen musste und das Opfer ihm Vergebung schenken konnte. Vergebung und Versöhnung an Stelle von Vergeltung und Spaltung, das war es, was Mandela mit der Einsetzung seines Ausschusses erreichen wollte. Und es gelang ihm!

So erschien vor dem Ausschuss auch Eugene de Kock, der ehemalige Führer der „Abteilung für geheime Operationen" des Apartheid-Regimes. Man nannte ihn einst den „ungekrönten Vize-König von Südafrika". Er hatte zahllose grausame Verbrechen begangen. Er hatte Sprengstoff in Briefen und Kugelschreibern verstecken lassen, die an Menschen gingen, die ermordet werden sollten. Er selbst hatte die Todeslisten erstellt und in ungezügelten Wutanfällen eigenhändig seine Gefangenen ermordet. Er musste vor dem Ausschuss gestehen, nicht einmal in der Lage zu sein, die genaue Zahl seiner Opfer zu beziffern.

Eines der vielen Verbrechen, die er begangen hatte, war die Anbringung einer Bombe im Wagen von drei schwarzen Polizisten. Als die Bombe explodierte, kamen die drei Insassen ums Leben. Während einer Sitzung des Ausschusses waren auch die drei Witwen der ermordeten Polizisten anwesend. Nachdem de Kock öffentlich die Einzelheiten des feigen Mordes berichtet hatte, bat er zum Schluss die drei Frauen um Verzeihung. Eine von ihnen, eine Frau Faku, schilderte hinterher ihre Eindrücke. „Ich konnte meine Tränen nicht zurückhalten. Ich hörte ihm zu, war aber emotional zu bewegt, um sprechen zu können. Ich nickte ihm nur zu, um anzudeuten, dass ich ihm vergab. Ich hoffe, er verstand, dass wir nicht nur um unsere Ehemänner weinten, sondern auch um ihn. ... Ich möchte seine Hand ergreifen, um ihm zu zeigen, dass es eine Zukunft gibt und er sich noch immer ändern kann."[9]

Pumla Goboda, die damals als Psychologin im Ausschuss arbeitete, schließt aus der Reaktion von Frau Faku und ähnlichen Reaktionen von anderen Opfern:

---

[9] Pumla Goboda-Madikizela, Veroverde vergeving. Oog in oog met de killer Eugene de Kock, Balans Verlag, S.118

„Es hat etwas Göttliches, dass Menschen imstande sind, demjenigen Vergebung zu schenken, der sie grausam gequält, geprügelt oder ihnen Leid zugefügt hat. ... Wenn wir bei einer Sitzung des Ausschusses Zeuge waren, wenn eines der Opfer imstande war, dem Täter zu vergeben, bat Bischof Tutu um Stille, weil „wir uns auf heiligem Boden befinden"."[10]

So kommt Pumla Goboda in ihrem Buch über die Erlebnisse im Ausschuss zu der Überzeugung, nicht nachtragend und bereit zur Versöhnung zu sein, habe etwas Spirituelles, fast Sakramentales.[11]

Für mich zeigt die Geschichte der drei Polizistenwitwen symbolhaft die Größe dessen, was sich im „Ausschuss für Wahrheit und Versöhnung" ereignete. Es lässt ahnen, welchen Weg die Menschen zu gehen vermögen, um Vergeltung durch Vergebung zu ersetzen.

Ein erstes, hoffnungsvolles Zeichen

Die von Nelson Mandela initiierte Versöhnungsbewegung war vielleicht der erste Fall in der Geschichte, bei dem nach einem Krieg die Verbrechen nicht vertuscht worden. Es war vielleicht der erste Fall, wo nach einem Krieg die Verbrecher nicht verurteilt worden oder die Revanchegelüste der Sieger befriedigt wurden. Es war vielleicht das erste Mal, wo nach einem Krieg die Be-

---
[10] ebd., S.118 f.
[11] vgl. ebd., S.119

mühung unternommen wurde, Vergebung und Versöhnung zwischen den einst verfeindeten Parteien herbeizuführen. Dies war nur möglich, weil sich Opfer und Täter Auge in Auge gegenüberstanden und sich, nachdem auch die grausamsten Einzelheiten zur Sprache gekommen waren, um Verzeihung bitten konnten. Verzeihung und Vergebung ist nicht anonym, sondern nur zwischen den unmittelbar beteiligten Personen möglich. Es war einzigartig, was sich in Südafrika nach dem Ende des Apartheid-Regimes ereignete!

Der „Wahrheitsausschuss", wie er von den Menschen in Kurzform genannt wurde, vermochte die Spannungen zwischen Schwarz und Weiß bis zu einem solchen Maß zu beseitigen, dass nicht mehr die Angst bestand, es könnte zwischen den beiden Bevölkerungsgruppen ein Bürgerkrieg ausbrechen.

Der einmalige Umgang mit einer traumatischen Wirklichkeit ermöglichte es den Menschen, zu ganz neuen Einsichten zu gelangen. Pumla Goboda beschreibt dies treffend in ihrer Dokumentation: „Aus den Erkenntnissen des Wahrheitsausschusses ergab sich, dass ganz normale Menschen unter bestimmten Bedingungen zu mehr Grausamkeiten imstande waren, als wir es uns je vorstellen konnten. Aber gleichzeitig zeigte sich auch, dass Menschen zu mehr Güte und Hilfsbereitschaft imstande waren, als wir es je gedacht hätten."[12]

Der Beleg für die erste Feststellung war leicht zu erbringen, indem man einfach den Schilderungen der zahllosen Grausamkeiten zuhörte, die vor dem Ausschuss

---

[12] ebd., S.121

berichtet und dokumentiert werden mussten, denn dies war ja die Bedingung für eine Amnestie. Es war ohne Zweifel erschütternd, mit anhören zu müssen, zu welchen Abgründen an Gefühllosigkeit, Aggression, Gleichgültigkeit und Menschenverachtung Einzelne fähig waren. Das einzig Gute an dieser Phase des Wahrheitsausschusses war die Tatsache, dass die hässliche Seite des Menschen unverhüllt und mahnend zum Vorschein kam. Der Mensch kann nicht mehr die Augen vor dieser schrecklichen Wirklichkeit verschließen.

Der Beleg für die zweite Feststellung findet sich in den menschlich zutiefst berührenden Momenten seelischer Größe, in denen einst gequälte, gefolterte und misshandelte Opfer ihren Tätern von Angesicht zu Angesicht zu vergeben vermochten. Inmitten von menschlichen Abgründen und tiefster seelischer Dunkelheit gab es wahres Vergeben und Verzeihen. Auch dies ist ein Signal für die Zukunft, wozu echte Menschlichkeit in der Lage ist.

Es ist wichtig, sich klar vor Augen zu führen, in welchem entscheidenden Ausmaß dieser Prozess von einer einzigen Person – Nelson Mandela – ins Leben gerufen wurde. Jeder Einzelner verfügt über ein unermessliches Potenzial zum Guten! Weil Mandela mit dem Wahrheitsausschuss eine Möglichkeit geschaffen hatte, durch die Menschen über sich selbst und ihre Verletzungen hinausgehen und letztlich bis zur Vergebung und Versöhnung mit den Tätern weiterschreiten konnten, war ein wirklicher Neubeginn in Südafrika möglich.

Weit über Südafrika hinauswirkend, zeigte das Beispiel des Wahrheitsausschusses eine neue Dimension menschlichen Zusammenlebens auf. Es wurde zum Symbol für die Fähigkeit einer menschlichen Gesellschaft, über Gräber und Folterkammern hinweg sich die Hand zur Versöhnung zu reichen. Vergebung und Verzeihung liegt innerhalb der Reichweite des gegenwärtigen menschlichen Bewusstseins! Die Frage für die Zukunft wird also lauten: Sind wir in den jeweiligen Gesellschaften in der Lage und vor allem willens, die Rahmenbedingungen zu schaffen, in denen Alternativen zu Rache und Vergeltung möglich werden? Nelson Mandela hat in seiner schlichten und zugleich so beeindruckenden Weise eine der vielen denkbaren Möglichkeiten aufgezeigt. Es bedarf sicherlich mehrerer Mandelas, um überall auf der Welt vergleichbare Grundlagen zu schaffen, aber wenn diese errichtet wurden, wird es viele „Frau Fakus" geben, die ihr Herz so weit zu öffnen vermögen, um den Mördern ihrer Männer zu vergeben.

Der Wahrheitsausschuss und die Art und Weise, wie Bischof Tutu ihn leitete, bot die Gelegenheit, Opfer und Täter auf einer Ebene von Wahrheit und Offenheit zusammen zu bringen. Dies war die Voraussetzung für eine mögliche spätere Versöhnung. Ohne dieses Instrument wäre Vergebung und Verzeihung kaum möglich geworden.

Die Fragen, die an die politischen Führer der Welt zu richten bleiben, lauten daher: Wann bereiten sie den Weg für einen Wahrheitsausschuss? Wann führen sie das Ende von Kriegstribunalen herbei? Wann wählen sie den Weg der Versöhnung und Vergebung, anstatt auf dem Pfad der Vergeltung voranzuschreiten? Wann werden in ihrem Land die Gerichte Orte der Vergebung und nicht mehr Stätten der Vergeltung?

Sicher bedarf es dazu der visionären Kraft eines großen Menschen wie Nelson Mandela, aber was einmal verwirklicht wurde, kann wieder geschehen. Nur wenn die Menschheit im Geist von Wahrheit und Versöhnung ihre Zukunft gestaltet, kann das Zeitalter des Karma vom neuen Zeitalter der Gnade abgelöst werden.

Keine Zukunft ohne Vergebung

Es gab noch drei weitere Einsichten, die der Wahrheitsausschuss ins Bewusstsein rückte und die es wert sind, im Detail angeführt zu werden.

1) Eine wahrhafte Ent-schuldigung des Täters zielt auf die Gefühle des Opfers und ist keine Ent-schuldigung für ihn selbst. Man kann nicht wirklich von Entschuldigung sprechen, wenn der einstige Täter so etwas sagt wie: „Entschuldigung, dass ich deinen Vater ermordet habe, aber du musst bedenken, dass ich gegen die Unterdrückung meines Volkes gekämpft habe." Dies ist nicht wirklich eine Entschuldigung, keine echte Bitte um Vergebung. Es ist erneut nichts anderes als der Versuch, sich selbst vor der unerbittlichen Wahrheit zu

schonen. Eine derartige Pseudo-Entschuldigung ruft dann auch nur neue Wut und Bitterkeit bei den Opfern oder ihren Hinterbliebenen hervor, die sich nicht in ihrem Schmerz und Kummer gesehen fühlen. Eine wahrhafte Entschuldigung muss sich in die Innenwelt des Opfers versetzen und schonungslos mit der eigenen Schuld umgehen. Sie muss Worte umfassen, die vielleicht folgendermaßen lauten könnten: „Ich finde nicht wirklich die Worte, um dich um Verzeihung zu bitten, denn der unnötige Tod deines Vaters wird dir bis heute Schmerz zufügen. Ich kann nur hoffen, dass du mir vergeben willst." Welche Wortwahl auch im Einzelfall durch den einstigen Täter erfolgen mag, sie muss immer von den Verletzungen und Empfindungen des Opfers ausgehen und darf nicht den Versuch unternehmen, das eigene Verhalten zu rechtfertigen.

2) Es ist auch für die Opfer oder die Hinterbliebenen der Opfer von lebenswichtiger Bedeutung, den Tätern verzeihen zu können. Wenn sie in ihrem Hass, ihrer Wut und ihrer Angst verharren, können sie auch selbst keine bleibende Heilung ihrer körperlichen und seelischen Wunden finden. Indem sie dem Täter Verzeihung gewähren, brechen sie zugleich seinen schrecklichen, oft weitgehend unbewussten Einfluss, den seine Tat noch immer auf sie ausübt. Auch nach einer grausamen Tat besitzt der Täter in vielen Fällen noch eine psychische Macht über das Opfer. Verzeihen ist also ebenfalls eine Frage auf Leben und Tod!

3) Die Erkenntnisse des Wahrheitsausschusses haben deutlich gezeigt, dass auch die Opfer unbewusst eine

Möglichkeit suchen, um vergeben zu können. Sie können und wollen nicht länger mit ihrem Hass leben, sondern wollen sich lösen aus dem erstickenden Zugriff von Bitterkeit, Schmerz und seelischer Verhärtung. Daher suchen sie ständig nach einem Zeichen der Reue beim Täter und sind oft gut vorbereitet, sie zu gewähren, sobald sie nur die ersten Ansätze davon erkennen.

Doreen Mgoduka war eine der drei Witwen, deren Ehemann durch eine Bombe ermordet wurde und deren Fall vor dem Ausschuss besonders bewegend war. Sie sagte über die Bitte um Verzeihung, welche der Täter de Kock bei der Sitzung ausgesprochen hatte: „Nun kann ich doch noch trauern, denn dies hat mir endlich geholfen, das Leben meines Mannes zu verstehen – und nun kann ich ihn schließlich in den Tod gehen lassen." Vergebung bricht den Eisenmantel der Verhärtung und Bitterkeit und ermöglicht es, endlich wahrhaft zu trauern. Die Worte von Doreen Mgoduka drücken daher auf wundervolle Art und Weise aus, welche tiefe Bedeutung die Vergebung für die Opfer besitzt. Erst mit der Vergebung kann die wirkliche Trauerzeit beginnen. Erst mit der Vergebung kann ein Getöteter wirklich losgelassen werden. Nur die Kraft der Vergebung vermag ein neues Morgen zu errichten, das nicht länger beherrscht wird vom Schlimmen der Vergangenheit. Vergebung ist die göttliche Kraft der Neugeburt!

Kapitel 4

Eine Begegnung im Licht

In seinem Buch *Rückkehr von morgen* erzählt der amerikanische Psychiater George G. Ritchie über seine außerkörperlichen Erfahrungen und Erlebnisse, die ihm im Verlauf einer schweren Lungenentzündung zuteil wurden. Er war damals zwanzig Jahre alt.[13]

Als beeindruckendste Erfahrung nennt Ritchie eine Begegnung mit Christus, die sein ganzes weiteres Leben bestimmte. Wir gehen hier nicht auf theologische Fragen ein, sondern widmen uns ausschließlich den geschilderten Eindrücken. Ritchie empfand bei der Begegnung mit dem Christus-Wesen ein Gefühl gänzlich überirdischer, vollkommener Liebe und unsagbarer menschlicher Wärme. Gleichzeitig überkam ihn die Gewissheit, mit dieser Begegnung den eigentlichen Sinn und die Bedeutung seines Lebens gefunden zu haben. Seine Erfahrung prägte ihn auch für den Rest seines Lebens und führte ihn auf einen geistigen Weg, den er nie mehr verlassen sollte.

---

[13] George G. Ritchie, Rückkehr von morgen, Marburg 1984

Die Erlebnisse und Erkenntnisse, die aus dieser Reise in eine andere Welt resultierten, gaben ihm genügend zu denken und zu verarbeiten, um für seine weiteren Lebensjahre vollauf beschäftigt zu sein.

Verständlicherweise blieb nach dieser dramatischen Verwandlung eine tiefe Sehnsucht in ihm zurück, jenem Christus-Wesen in seiner Lichtwelt erneut zu begegnen. Es war eine Art von „Heimweh nach einer geistigen Welt", die vielen Menschen seiner Umgebung völlig unverständlich war, weshalb Ritchie zusätzlich noch unter einer wachsenden Einsamkeit litt. „Die Einsamkeit, die ich in diesem Jahr verspürt habe, die Entfremdung von der Welt und den Dingen um mich herum, war das alles nicht verursacht von dem Verlangen, zurückzukehren zu jenem Augenblick, als ich in der Gegenwart Jesu stand?", fragte er später. Monatelang lebte er nur in der Sehnsucht nach der Wiederholung seines Erlebens, bis er endlich eine Antwort aus der Geistigen Welt erhielt. Sie bestand in der ihn blitzartig überkommenden Einsicht, dass er aufhören müsste, Christus in einer anderen Welt zu suchen. Vielmehr sollte er ihn in den Menschen finden, die ihm jeden Tag zugeführt würden. In diesen Menschen könnte er die verborgene Anwesenheit Christi in seinem Leben wahrnehmen. Mit dieser Einsicht öffnete sich ihm ein gänzlich neuer Weg zur Christus-Erfahrung. „Der erste Schritt, so erkannte ich, bedeutete, mit dem Versuch aufzuhören, jene außerweltliche Vision von Jesus wiederholen zu wollen; vielmehr sollte ich ihn in den Gesichtern am Esstisch suchen." So begann ein neuer Abschnitt in seinem Leben, indem er allmählich lernte, das Antlitz des Christus hinter den Gesichtern der Menschen in seinem Alltag zu erschauen.

Ritchie dokumentierte seine Erfahrungen mit dem „Christus im Alltag", und besonders eine von ihnen hat auch heute noch nichts von ihrer Eindrücklichkeit verloren, zumal es in ihr um das Thema Vergebung geht.

Ritchie war Angehöriger der amerikanischen Truppen, die im Mai 1945 mit einer kleinen Gruppe von Ärzten in ein gerade erst befreites Konzentrationslager in der Nähe von Wuppertal kam. Ihr Ziel war es, den Häftlingen so schnell wie möglich medizinische Hilfe zu bringen.

Was ihm in diesem Lager begegnete, bezeichnete er als schlimmer als alles, was ihm bisher im Krieg widerfahren war. Zwischen den völlig ausgemergelten, apathischen, kranken und vollkommen erschöpften Menschen traf er jedoch auf einen Mann, der ganz anders aussah als alle anderen Häftlinge. „Seine Gestalt war aufrecht, seine Augen hell und seine Lebensenergie schien unerschöpflich", erinnerte er sich später. Da er fünf Fremdsprachen beherrschte, fungierte er im Lager als eine Art inoffizieller Dolmetscher. Die amerikanischen Soldaten nannten ihn der Einfachheit halber „Bill Cody", denn da er ein polnischer Jude war, vermochte keiner seinen richtigen Namen auszusprechen.

Ritchies Verwunderung über Bill Cody wuchs noch mehr, als er feststellte, dass dieser Mann täglich zwischen fünfzehn und sechzehn Stunden arbeitete und dennoch am Abend keine Anzeichen von Ermüdung zeigte. Wie war dies einem Menschen möglich, der schon so lange unter den grauenhaftesten und erniedrigendsten Umständen leben musste? Zuerst nahm er an, dieser Mann müsse erst kurze Zeit im KZ sein und sei deshalb noch so kräftig und erfüllt von Lebensenergie. Umso erstaunter war er, als er erfuhr, dass auch er schon seit Kriegsbeginn Lagerinsasse war. Er schreibt dazu: „Sechs Jahre lang hatte er von derselben Hungertod-Diät gelebt und wie jeder andere in der schlecht gelüfteten und von Krankheiten heimgesuchten Baracke geschlafen, doch all dies ohne die geringste körperliche oder geistige Beeinträchtigung."

Schnell stellte sich auch heraus, dass sämtliche Häftlingsgruppen ihn als ihren Freund betrachteten. Das war ein wichtiger Schlüssel, um die vielen sich feindselig gegenüberstehenden Gruppen im Lager bei Konflikten stets wieder aussöhnen zu können. Man hätte annehmen können, die Häftlinge hätten sich miteinander solidarisiert, doch das Gegenteil war der Fall; und Cody schien der einzige zu sein, der immer wieder eine Versöhnung herbeizuführen vermochte.

Ritchie war fasziniert von diesem Mann, aus dessen Augen und Gesicht ihm der Christus leuchtender entgegenblickte als aus anderen. Eines Tages erzählte ihm Bill Cody seine Geschichte, und erst dann verstand er wahrhaft, was das Geheimnis dieses besonderen Menschen war. Bill Cody berichtete: „Wir lebten im jüdischen Sektor von Warschau. Meine Frau, unsere zwei Töchter und unsere drei kleinen Jungen. Als die Deutschen unsere Straße erreichten, stellten sie jeden an die Wand und eröffneten mit Maschinengewehren das Feuer. Ich bettelte, dass sie mir erlauben würden, mit meiner Familie zu sterben; aber da ich Deutsch sprach, steckten sie mich in eine Arbeitsgruppe. Ich musste mich dann entscheiden, ob ich mich dem Hass den Soldaten gegenüber hingeben wollte, die das getan hatten. Es war eine leichte Entscheidung, wirklich. Ich war Rechtsanwalt. In meiner Praxis hatte ich zu oft gesehen, was der Hass im Herzen und in den Körpern der Menschen anzurichten vermochte. Der Hass hatte gerade die sechs Menschen getötet, die mir auf der Welt am meisten bedeuteten. Ich entschied mich dafür, dass ich den Rest meines Lebens – mochten es auch nur noch wenige Tage sein – damit zubringen wollte, jede Person, mit der ich zusammentraf, zu lieben." Ritchie schloss aus dieser Geschichte: „Jede Person zu lieben, dies schenkte dem Mann die Kraft, die ihn in all den Entbehrungen am Leben und gesund erhalten hatte."[14]

Die Lebensgeschichte des „Bill Cody" ist sowohl bewegend als auch lehrreich, was sich an zwei kurzen Aussagen von ihm belegen lässt. Vor allem fällt auf, dass Cody den Satz sagt, es sei eine leichte Entscheidung gewesen, sich nicht dem Hass zu ergeben, sondern der Liebe zu weihen. Wie vermochte er eine solche Aussage zu machen, kurz nachdem seine Frau und seine fünf Kinder erschossen worden waren? Woher kam die geistige Kraft, die es ihm ermöglichte, eine

---

[14] Eine Zusammenfassung dieser faszinierenden Geschichte findet sich in: Sergej Prokofieff, Die okkulte Bedeutung des Verzeihens, Stuttgart 1991 (Kap.3)

solche Entscheidung zu treffen? Welche Lebensenergie ermöglicht es dem Menschen, in solchen dunklen, schicksalhaften Momenten die Liebe zu wählen und nicht den Hass?

Wenn man seine Worte liest, so wird deutlich, dass dieser wunderbare Mensch nicht aus seinem Ego heraus spricht; denn das Ego will, wenn es eine Verletzung erleidet, nur Rache. Dieses kleine Ich setzt sich zusammen aus Trieben und Emotionen, die aus der Astralwelt stammen. Diese Kräfte beherrschen die Menschen weitgehend und lösen jene aggressiven und egoistischen Handlungen aus. Auch die lebenserhaltenden Triebkräfte, wie Hunger oder Sexualität, werden aus dieser Ebene gespeist. Darüber hinaus fließen jedoch auch höhere Lebensenergien durch die menschliche Seele, wie Liebe, Mitgefühl, Zärtlichkeit und Barmherzigkeit. Diese Impulse entstammen nicht der Astralwelt, sondern strömen aus den höheren Lichtreichen ein.

Tritt nun eine Situation ein, in der ein Mensch eine Verletzung oder Kränkung erleidet, reißen in der Regel sofort die astralen Ego-Kräfte das Gesetz des Handelns an sich. Liebe oder Mitgefühl sind aus sich heraus, ohne die Unterstützung vom höheren Selbst des Menschen, die schwächeren Impulse. Rache und Wut gewinnen also die Oberhand. Nur wenn die geistigen Einflüsse, die aus der Seelenebene stammen, bereits stärker im Menschen ausgeprägt sind als die niederen Emotionen, ist es ihm möglich, nicht den Einflüssen von Wut und Hass zu erliegen, sondern Liebe und Mitgefühl walten zu lassen. Allein das höhere Selbst kann die Kraft zur

Verfügung stellen, um die niederen Emotionalenergien zu beherrschen. Nur mit dieser Stärke – die esoterische Lehre spricht hier auch vom *inneren Christus* – können Rache und Wut überwunden und die Liebe in ihre Herrschaft eingesetzt werden.

Wenn ein Mensch wie Bill Cody in einer so ungeheuer schmerzhaften Lebenssituation sich für die Liebe statt für den Hass zu entscheiden vermag, dann ist dies nur mittels der Führung des höheren Selbst oder unter der Inspiration des inneren Christus möglich. Cody war ein Mensch, der sein kleines Erden-Ich vollständig überwunden und unter die Herrschaft des göttlichen Selbst gestellt hatte.

Jeder Mensch, dem es gelingt, seine Ego-Kräfte, sein kleines Erden-Ich, unter die Führung seines höheren Selbst, seines göttlichen Wesenskernes zu stellen, wird ein völlig neuer Mensch. Mochte er einst sein Eigeninteresse in den Vordergrund gestellt haben, so steht nun die Hingabe an das Dienen im Vordergrund. Wer aus der Liebe lebt, kann sich mühelos in den Dienst am Nächsten stellen; und so kann es nicht verwundern, dass Cody auch in seiner extrem belastenden Lebenssituation liebevoll seinen Mithäftlingen dienen konnte.

Es wäre unrealistisch anzunehmen, dass ein Mensch wie Cody in der kurzen Lebensspanne bis zur Ermordung seiner Familie und der anschließenden Inhaftierung zu einem solchen außergewöhnlichen Menschen heranreifen konnte. Für mich stellt er das Beispiel eines Mannes dar, der über viele Inkarnationen hinweg den Einweihungsweg beschritten hatte, um dann in jenen furchtbaren Jahren der Herrschaft der Nationalsozialisten für seine Mitmenschen ein Licht in der Dunkelheit zu sein.

  Ritchie hatte den Auftrag bekommen, in den Gesichtern der Menschen den kosmischen Christus zu finden. In Cody, dem polnischen Juden, glaubte er ihn gefunden zu haben wie noch bei keinem anderen Menschen. Es war die Verbindung mit dem göttlichen Licht, das esoterische Christentum würde begreiflicherweise ein christliches Bild wählen, das Cody die Kraft für sein Handeln gab.

  Der „innere Christus" wird nicht innerhalb weniger Lebensjahre oder durch einige selbstlose Handlungen geboren. Es bedarf vieler Inkarnationen des Strebens und Dienens, bis das Ego vom Licht einer höheren Wirklichkeit transformiert wird. Die Bereitschaft zu vergeben, öffnet die erste Tür, um seinen Strahlenglanz in die irdische Persönlichkeit einströmen zu lassen. Dort, wo das göttliche Licht vollkommen den Erdenmenschen durchdringt, entfaltet es auch seine heilende Kraft. Dies bildet die Erklärung dafür, warum es Bill Cody möglich war, unter den Lebensumständen eines Konzentrationslagers aufrecht und gesund zu bleiben und ohne Erschöpfung täglich sechzehn Stunden zu arbeiten. Die heilende Kraft des Verzeihens erstreckt sich bis auf die körperliche Ebene hinab.

Kapitel 5

Karma und Vergebung

Die Ausführungen des vorangegangenen Kapitels zeigten die Bedeutung der Vergebung für das Opfer auf. Solange das Opfer nicht vergeben kann, unterliegt es noch dem Einfluss des Täters; denn Hass und Wut binden an denjenigen, auf den diese Gefühle gerichtet sind. Nur Vergebung kann das verhängnisvolle Band zwischen Opfer und Täter durchtrennen. Nur Vergebung gibt dem Opfer seine wirkliche Freiheit zurück und ermöglicht ihm, ohne die Belastungen der Vergangenheit voranzuschreiten.

Die Kraft, die durch die Vergebung freigesetzt wird, wirkt nicht nur heilend auf die Seele ein, sondern lässt auch den Körper gesunden. Sie setzt zudem jene Lebensenergie frei, die es dem Einzelnen ermöglicht, seine wahre Lebensaufgabe zu erfüllen. Wie das Beispiel des Bill Cody zeigte, vermag die Fähigkeit zu vergeben sogar dazu führen, die unmenschlichen Erfahrungen der Gefangenschaft in einem Konzentrationslager unbeschadet zu überleben. Vergebung hilft, die Gegenwart zu heilen und für die Zukunft zu befreien.

Es gibt allerdings noch weiterreichende Aspekte der Vergebung, die über die Dimension des Persönlichen hinausführen. Wahre Vergebung verwandelt nicht nur das Leben des Opfers und des Täters – es verändert das Leben auf der Erde insgesamt. Eine einzige Tat wahrhafter Vergebung verändert das Leben der Erdenwesen auf einschneidende Art und Weise.

Wird einem Menschen etwas Negatives zugefügt oder fügt er selbst einem anderen etwas Negatives zu, was unaufhörlich geschieht, und sei es nur durch Unfreundlichkeit oder Herzlosigkeit, dann wird das Gesetz des Karma in Kraft gesetzt. Alles, was ein Mensch tut, denkt oder sagt, sei es herzlos oder ohne Mitgefühl, muss von ihm wieder ausgeglichen werden – sei es in diesem Leben oder in einem anderen. Diesen Ausgleich verlangt das kosmische Zwillingsgesetz von Karma und Reinkarnation. Die Unfreundlichkeit oder Lieblosigkeit in einem Leben wird eine ähnliche oder vergleichbare Situation in einem zukünftigen Leben hervorrufen, in der sie ausgeglichen werden muss. Wer Täter war, wird zum Opfer! Wenn wir uns bewusst machen, wie viele „karmische Verwicklungen" wir in unserem Leben erschaffen, mag ein Gefühl dafür entstehen, welche ungeheure Intelligenz hinter der Oberfläche des sichtbaren Lebens walten muss, um all dies auszugleichen und zu einem sinnhaften geistigen Voranschreiten umzugestalten. Hinzu kommt, dass jeder Einzelne zusätzlich zu seinem individuellen Karma eingebunden ist in die Bande von Familien-, Gruppen- und Volks-Karma. Auch diese karmischen Verpflichtungen müssen eingelöst werden. Wir sehen also ein unfassbar komplexes Gewebe von schicksalhaften Verbindungen, die alle aufgelöst und in Liebe verwandelt werden müssen.

Die esoterische Tradition spricht davon, dass die Fäden des Karma unter der Beteiligung aller neun Engel-Hierarchien geknüpft werden. Beginnend mit der Ebene der Schutzengel, Erzengel und Ur-Kräfte, fortfahrend mit den Welten der Mächte, Kräfte und Herrschaften und endend in den Sphären der Throne, Cherubim und Seraphim.[15] Jede Ordnung der Engel hat eine spezielle Aufgabe im Zusammenhang mit der Gestaltung des Karma übertragen bekommen. Jedes Engelwesen muss in seiner Welt und in seinem Aufgabenbereich die jeweils erforderliche Arbeit verrichten, um das überaus komplexe Gebilde karmischer Verknüpfungen zu erstellen und zur Verwirklichung zu führen.

Wollte man ein Bild aus der Gegenwart wählen, so wäre wohl das Bild eines gigantischen Welt-Computers am passendsten. Es werden die Gedanken, Worten und Taten aller Menschen der Erde in den Computer eingegeben, der diese miteinander abgleicht und so abstimmt, dass letztlich ein perfekter „Karma-Arbeitsplan" ausgedruckt und umgesetzt werden kann.

Es stellt sich in diesem Bild die Frage, wie der Aspekt der Vergebung in diese Konstruktion eingepasst werden

---

[15] Weitere Informationen über die Welt der Engel in: Hans Stolp, Mit Engeln leben, Grafing 2003

kann. Die Antwort könnte lauten: Er ist die Grundlage! Wenn ein Opfer dem Täter seine schlimmen Taten nicht vergeben kann, führt dies dazu, dass die Engel nach dem Gesetz des Karma vorgehen müssen. Vergibt das Opfer dagegen, sind die Engel aus dieser Verpflichtung entlassen. Dort, wo aufrichtig vergeben wird, müssen die Engel keinen Ausgleich herbeiführen. Es bleiben keine „Rechnungen" oder „unerledigte Aufgaben" mehr offen, sondern das „Karma-Konto" der Betreffenden ist ausgeglichen. Wenn man einen viel-dimensionalen Sachverhalt einfach zusammenfassen wollte, könnte man sagen, die Engel wären imstande, ihre Kräfte anderen Bereichen zu widmen, wenn sie aus der Karma-Arbeit entlassen würden. Sie könnten, um noch einmal das Bild des „Karma-Gewebes" heranzuziehen, statt dunkler Karma-Fäden nunmehr goldene Fäden der Liebe und Gnade in dieses Gewebe einflechten. Jeder Mensch, der einem anderen vergibt, was er ihm angetan hat, und sei es auch nur eine geringfügige Kleinigkeit, entlastet die Engel aus ihrer Karma-Arbeit und ermöglicht es ihnen, die Herrschaft von Gnade und Liebe auf Erden zu errichten.

Es gibt in der esoterischen Philosophie verschiedene Bilder, um diesen Sachverhalt zu umschreiben. Eines davon sieht als Resultat von Vergebung einen leeren Ort auf der Erde entstehen, einen Ort, an dem kein Karma wirkt, also einen vom Karma befreiten Raum. Dort aber, wo das Karma-Gesetz aufgehoben ist, können die Engel die Gaben von Gnade und Liebe platzieren.

Die christliche Esoterik drückt es so aus, dass in diesen von Karma befreiten Raum der Christus eintritt. Christus steht für die Gnade. Gnade ist die Essenz seines Wesens. Gnade ist die heilende Kraft, die von ihm ausströmt. Dort, wo die Gnade wirkt, ist die Christus-Kraft anwesend. Dort, wo Menschen vergeben und verzeihen, tritt der kosmische Christus in ihr Leben.

Doch auch das Gegenteil ist wahr. Dort, wo nicht vergeben und verziehen wird, wo die Engel der Gnade nicht wirksam werden können und das Karma-Gesetz herrscht, vermögen auch die Mächte der Dunkelheit wirksam zu werden, in der christlichen Esoterik zum Teil als Luzifer und Ahriman beschrieben. Die luziferischen und ahrimanischen Kräfte sind notwendig, wenn Egoismus, Rechthaberei, Eigennützigkeit und seelische Verhärtung ins Spiel kommen, um den Vollzug von Karma zu gewährleisten. Ohne diese Einflüsse könnte Karma nicht ausgeglichen werden. Wo nicht vergeben und verziehen wird, kann der kosmische Christus seine Segnungen nicht entfalten, kann Gnade nicht wirksam werden. Es ist das Herrschaftsgebiet der luziferischen und ahrimanischen Mächte. Die Wahl, zu verzeihen oder nicht zu verzeihen, zu vergeben oder nicht zu vergeben, ist in Wahrheit auch die Wahl zwischen Christus und den Mächten der Dunkelheit. Die biblischen Quellen sprechen in diesem Zusammenhang auch vom Teufel oder vom Satan, aber alle Namensnennungen sind im Grunde wenig hilfreich, da sie zu sehr von negativen Assoziationen überlagert sind. Es genügt vollkommen, um das Wirken dunkler Kräfte zu wissen, die jedoch nicht außerhalb des göttlichen Gesetzes wirken können, da sie den Ausgleich des Karma herbeiführen.

Das Ziel allen menschlichen Bemühens auf Erden kann es daher nur sein, mehr „Freiräume" zu erschaffen, in denen nicht mehr das Karma-Gesetz zur Auswirkung kommt, sondern die Gnadenströme des kosmischen Christus fließen können. Der göttliche Plan der Entwicklung sieht für die Erde vor, die Kräfte der Dunkelheit allmählich zu überwinden, um so eine Welt des Friedens und der Liebe zu errichten. Die entscheidende Voraussetzung dafür ist, dass der Mensch bereit ist, Vergebung zu gewähren und Verzeihung zu schenken. In dem Maße, wie diese Entwicklung voranschreitet, fließt das Licht des Christus auf die Erde herab. Wenn der Mensch bereit ist, zu vergeben und zu verzeihen, wird er zum Mitarbeiter oder zur Mitarbeiterin des Christus auf Erden. Er oder sie wird zum Kanal, durch den die Christus-Kraft auf die Erde einströmen kann.

Dieser Vorgang weist eine persönliche und eine planetarische Komponente auf. Wenn der Einzelne zum Werkzeug der Christus-Kraft wird, verwandelt er sich zu einem wahrhaften Gotteskind und transformiert zugleich einen Teil des Planeten. Die esoterische Tradition spricht zudem davon, dass mit dieser Entwicklung eine Schärfung des Gewissens einhergeht, die in letzter Konsequenz zu Hellsichtigkeit führt. Wo also die innere Feinheit wächst, wo die Kräfte des Geistes ungehinderter einströmen können, wächst auch die Fähigkeit, den Schleier zwischen Erdenwelt und Geisteswelt allmählich zur Seite zu schieben. Verzeihung führt zur Verfeinerung des Wesens und diese zur Erweiterung der Wahrnehmung. Diese wiederum erschließt so eine größere Wirklichkeit, die mit Erstaunen und wachsender Demut erschaut wird, bis eines Tages das Christus-Bewusstsein zu seiner vollen Blüte im Menschen erwachen kann.

Kapitel 6

Die Kunst der Vergebung

Als Kind konnte ich mit dem einfachen Satz: „Du musst einfach vergeben und vergessen." wenig anfangen. Zwar hatte ich durchaus die gute Absicht, dem anderen zu vergeben, doch es gelang mir fast nie. Ich konnte nie die richtige Haltung oder Einstellung finden, aus der heraus ich wirklich aus meinem Herzen vergeben und vergessen konnte. Die Abneigung gegen diesen simplen Satz ist mir bis heute geblieben. Wenn ich heute diese Forderung höre, beschleicht mich zumeist der Verdacht, hier fordert jemand ziemlich oberflächlich etwas ein, was er selbst nicht genau kennt und meist schon gar nicht selbst praktiziert.

Bei näherem Hinsehen enthält aber auch dieser Satz eine verborgene Dimension, eine esoterische Lehre jenseits aller Oberflächlichkeit. Es geht um die Fähigkeit, eine innere Verhaftung an bestimmte Erlebnisse, Ereignisse oder Bilder aufzugeben und an ihre Stelle eine tiefe innere Ruhe und eine Annahme des Lebens und seiner

Aufgaben und Herausforderungen zu setzen. Es dürfte jedem bewusst sein, dass dies wahrlich keine leichte und schnell zu bewerkstelligende Aufgabe darstellt.

Um diese Herausforderung zu bewältigen, geht es erst einmal darum herauszufinden, welcher Aspekt unseres Wesens solche Schwierigkeiten mit dem Verzeihen hat. Es wird keiner allzu aufwändigen Suche bedürfen, um festzustellen, dass die gesuchte Instanz das EGO ist. Es ist das Ego, das nur schwer vergeben und verzeihen kann. Es ist das Ego, das niemals auch nur die kleinste Kränkung vergisst. Es ist das Ego, das Vergeltung sucht und sich rächen möchte für etwas, das vor kurzer Zeit oder vor vielen Jahren geschah. Es ist das Ego, das nicht vergeben und vergessen möchte! Das Ego kennt nur das Gesetz der Vergeltung: „Auge um Auge!" Das Ego kennt die Gnade nicht – und daher kann es auch nicht verzeihen!

Die entscheidende Frage ist, wie man das Ego so weit bringen kann, dass es zu verzeihen in der Lage ist. Es liegt auf der Hand, hierfür nach einer Kraft zu suchen, die von einer höheren Ebene als jener des Egos kommt. Die esoterische Lehre spricht daher in diesem Zusammenhang vom „höheren Selbst". Das höhere Selbst ist der göttliche Kern, der Geist in jedem Menschen, der hinter der lauten und egoistischen Persönlichkeit verborgen liegt. Das höhere Selbst ist von göttlicher Herkunft und trägt die Kraft der Vergebung und den Segen der Gnade in Fülle in sich.

Woran lassen sich die Unterschiede zwischen dem Ego und dem höheren Selbst erkennen? Wann gab es Augenblicke, in denen man die Kräfte des Geistes in sich spürte und unmittelbar erkannte, dass dies nicht die kleine egoistische Persönlichkeit war? Die Unterschiede lassen sich vielleicht durch eine Aufzählung verdeutlichen. Das Ego kennt Zorn, Angst, Unsicherheit, Eifersucht und das Verlangen nach Macht und Aufmerksamkeit. Das höhere Selbst kennt nur Frieden, Zuversicht, Hingabe und Liebe für alles und jeden.

Wann spürte man, und sei es nur für einen Moment gewesen, jene stille Kraft des Friedens und jenes reine Gefühl der Hingabe? Wann spürte man, dass das Ego still geworden war, um diese höheren Empfindungen einwirken zu lassen? Die Umstände hierfür sind wahrscheinlich so mannigfaltig wie die Menschen zahlreich sind. Der eine findet diese Momente beim Hören von Musik, der andere beim Aufenthalt in der Natur und ein Dritter in der Meditation oder im Gebet. Gemeinsam dürfte allen sein, dass diese Momente nur kurz waren. Das Ego lässt sich nicht lange zum Schweigen bringen.

Um auf dem Weg hin zum Vergeben und Verzeihen voranschreiten zu können, ist es allerdings von entscheidender Bedeutung, eine Sensibilität für die Augenblicke zu entfalten, in denen das Ego zum Schweigen gebracht werden kann. Vergebung und Verzeihung können erst dann in das Leben des Menschen eintreten, wenn er bewusst den Zugang zu seinem höheren Selbst herstellen kann. Es kommt also darauf an, die Erinnerung an die besonderen Momente zu pflegen, in denen die Verbindung mit dem höheren Selbst bestand. Jeder dieser Augenblicke war ein Geschenk, das es in Ehren zu halten gilt; und über die sich so allmählich vertiefende Bindung an das höhere Ich kann es mehr und mehr die Persönlichkeit transformieren. Der erste Schritt, um die Kräfte des Verzeihens und Vergebens in sich zu entwickeln, besteht also darin, sich sein eigenes höheres Selbst bewusst zu machen.

Das Ego und das höhere Selbst

Wie kann es geschehen, dass das höhere Selbst die Fähigkeit zum Verzeihen entfaltet? In gewisser Weise geschieht dies von selbst. Es ist die Folge jenes esoterischen Gesetzes, das da lautet: „Das Höhere wirkt führend und formend auf das Niedere ein."[16] Am einfachsten lässt sich dieses Gesetz in der Welt der Engel nachvollziehen. Die allerhöchsten Engelscharen, die Seraphim, führen die Cherubime. Die Cherubime wiederum leiten die unter ihnen stehenden Throne an; und so geht die Führung weiter bis zu den Erzengeln, welche die Engel anleiten. Letztere wiederum behüten und führen die Menschen. Die geistige Führung und Betreuung des Niedrigeren durch das Höhere, vielleicht könnte man auch sagen des Jüngeren durch das Ältere, ist von entscheidender Bedeutung. Das höherstehende Wesen gießt seine Kraft in das unter ihm stehende und durchdringt es dadurch, bis es allmählich erfüllt ist von einer größeren Kraft. Dieser Prozess der Durchdringung ist ein sehr langsam und behutsam verlaufender. Das

---

[16] Vgl. dazu auch Prokofieff, Die okkulte Bedeutung des Verzeihens, a.a.O., S.53

höhere Wesen fragt sich ständig: Wieviel Impulse verträgt das unter mir stehende Wesen im gegenwärtigen Zustand seiner Entwicklung?

Das Gesetz des Herabströmens von geistiger Kraft gewährleistet, dass eines Tages aus den Engel Erzengeln und in ferner Zukunft aus den Menschen Engel werden.[17] Aus diesem Grund sagt die esoterische Tradition, das höhere Selbst und der Schutzengel des Menschen seien so eng verbunden, dass sie gleichsam ineinander überfließen. Das höhere Selbst ist in gewisser Hinsicht ein Schutzengel der Persönlichkeit. Indem die Menschheit mehr die Verbindung zu den Engeln sucht und auch herstellt, kann von diesen die Kraft zu verzeihen gestärkt werden.

Analog zum Ordnungs-Prinzip in der Engel-Hierarchie, wirkt das höhere Selbst auf das Ego, auf die kleine, begrenzte Persönlichkeit ein. Niemals übt das Höhere einen Zwang auf das Niedere aus. Das Ego muss sich bereit erklären, die Inspiration des höheren Selbst anzunehmen. Es geht um innere Bejahung und Annahme, nicht um äußeren Druck oder Zwang. Der einzelne Mensch wird dann im sanften Verlauf dieses Prozesses feststellen, welche Veränderung sich in seiner Persönlichkeit vollzieht. Alte Verletzungen beginnen zu heilen, Angst und Unsicherheit verschwinden und an seine Stelle tritt ein tiefer innerer Frieden. Es besteht auch keine Notwendigkeit mehr, anderen ihre Schuld nachzutragen oder an Vergeltung zu denken. Der erste Schritt auf dem Pfad des Verzeihens ist gemacht.

---

[17] Vgl.: Hans Stolp, Mit Engeln leben, Grafing 2004

Ich möchte die „Goldene Kette des Lebens" noch einmal als Dreiklang zusammenfassen, um die Verbindungen und Berührungspunkte der verschiedenen Welten deutlich hervorzuheben.

1) Das höhere Ich wirkt auf das Ego, die menschliche Persönlichkeit, ein.
2) Der Schutzengel des Menschen wirkt ebenfalls auf das Ego ein.
3) Die Christuskraft wirkt über das höhere Selbst auf das Ego ein.

Der Mensch kann sich auf einen dieser drei Aspekte vorrangig konzentrieren oder versuchen, alle drei in sein Leben zu integrieren. Jeder dieser drei geistigen Vorgänge fördert die Fähigkeit, zu verzeihen und zu vergeben; und sie alle bilden entscheidende Bestandteile des Einweihungsweges. Wer ihn beschreiten möchte, hat im Zusammenhang mit der Frage des Verzeihens vier Schritte zu absolvieren.

1) Verstehen zu lernen, dass alle Erfahrungen des Lebens dazu dienen, der Mensch zu werden, der man gerade ist.
2) Alle Ängste, Unsicherheiten und Enttäuschungen loszulassen und zu vertrauen, in der Gewissheit, dass alles im Leben zum Guten geführt wird.
3) Durch die Zuwendung zum höheren Ich jene Kräfte herabströmen zu lassen, welche inneren Frieden, Ruhe und vollständiges Vertrauen fördern.

4) Über das Vertrauen die innere Kraft zum Vergeben und Verzeihen entfalten.

Diese vier Schritte umschreiben einen umfangreichen Prozess, der eine lange Zeit in Anspruch nehmen kann. Der Einweihungsweg wird nicht in einem Erdenjahrzehnt erfolgreich abgeschlossen. Auch die großen Mystiker, denen die Begegnung mit ihrem Engel oder eine Schau des kosmischen Christus zuteil wurden, stellten das Ergebnis eines langen Weges dar.[18] Erst als sie in der Lage waren, sich selbst völlig zu vergessen, konnte das Christus-Bewusstsein in sie Einkehr nehmen. Keiner formulierte das treffender als Meister Eckhart: „Wenn du bist, kann Gott nicht sein. Wenn du nicht bist, ist Gott."

Umgesetzt auf das Thema des Verzeihens heißt dies: Solange das Ego noch herrscht, ist keine Verzeihung. Soll Verzeihung Einkehr nehmen, darf es kein Ego mehr geben.

---

[18] Vgl. dazu auch: Hans Stolp, Christuservaringen in onze tijd, Ten Have 2001

Kapitel 7

Vergebung als Einweihungsweg

Das Voranstehende dürfte deutlich gemacht haben, inwiefern Verzeihung nicht etwas ist, was sich in kurzer Zeit verwirklichen lässt, sondern etwas, was sich erst nach einem langen Weg einstellt – nach einem Einweihungsweg. Dieser Weg zur Einweihung setzt sich aus einer Reihe von Schritten zusammen, die nachfolgend im Detail betrachtet werden sollen. Dabei gilt es allerdings zu beachten, die Kreativität des Lebens nicht aus den Augen zu verlieren. Einweihung ist kein schematischer Vorgang und der Geistige Pfad kein ausgetretener Fußweg. Der einzelne Mensch ist mehr als jedes Schema und mehr als jedes esoterische System. Die folgenden Ausführungen wollen daher eher ein „Licht auf dem Pfad" sein als eine verbindliche Vorgabe. Wenn sie als hilfreicher Weg-Begleiter dienen können, so haben sie ihre Bestimmung erfüllt.

Der Einweihungsweg ist etwas Individuelles. Die Freiheit des Einzelnen und sein ganz persönlicher, geschützter Lebensraum sind unverzichtbare Güter, um den ganz eigenen Pfad ins Licht zu erschließen und zu beschreiten. Im tiefsten Sinne entfaltet er sich erst im Beschreiten! Was allerdings durchaus nicht ausschließt, dass es zwischen dem 'persönlichen' und dem 'allgemeinen' Einweihungsweg Übereinstimmungen gibt. Die nachfolgenden grundsätzlichen Ausführungen über die „Sieben Schritte" beinhalten daher aller Voraussicht nach auch Erfahrungen, die jedem Einzelnen auf seinem speziellen Weg begegnen werden.

Der erste Schritt

Der Einweihungsweg wird an seinem Anfang eine einfache Übung zur Bewusstwerdung als Aufgabe beinhalten. Sie hat viel mit Wachheit und Aufmerksamkeit zu tun. Wie reagiert man auf bestimmte Personen und Situationen? Welche Auswirkungen zeigen die Reaktionen auf bestimmte Menschen in bestimmten Situationen?

Im Umgang mit anderen wird fast jeder Mensch von zwei großen Kräften bestimmt – Sympathie und Antipathie. Die Sympathie äußerst sich in Zuneigung und Zustimmung, die Antipathie als Ablehnung und Verurteilung. Meistens geschieht dies auf so spontane Weise aus einer unbewussten Haltung heraus, dass kaum rationale Gründe für das jeweilige Vorgehen angegeben werden können. Dabei müssen nicht einmal reale Handlungssituationen mit wirklich anwesenden Menschen gegeben sein, oft genügt bereits ein Zeitungsartikel, der noch dazu wahrscheinlich mit einer gewissen Tendenz verfasst wurde, um das skizzierte Reaktionsspektrum abzurufen. Dem Autor wird vehement beigepflichtet oder ebenso vehement widersprochen. Daneben gibt es noch eine gewisse Grauzone, in der das Pendel weder in die eine noch in die andere Richtung ausschlägt, in der also weder Sympathie noch Antipathie ins Spiel kommen, sondern eine unbeteiligte Gleichgültigkeit vorherrscht. Erstaunlicherweise ist dieses Mittelmaß weitaus geringer ausgeprägt als die beiden Extreme. Sympathie und Antipathie zeigen sich als erheblich stärkere emotionale Pole als eine neutrale Gleichgültigkeit.

Der erste Schritt zur Bewusstwerdung beinhaltet also die Aufgabe, sich die verschiedenen Reaktionen bewusst zu machen und darauf ohne Selbstverurteilung zu schauen. Man beobachtet gleichsam unbeteiligt, wie man auf bestimmte Menschen, Situationen und Herausforderungen reagiert. Dieses Sich-Zurücknehmen kann durchaus so weit gehen, sich selbst als einen Fremden zu betrachten. Der Beobachter analysiert eine gewisse Situation, eine bestimmte Verhaltensweise oder eine ins Spiel kommende Person vollkommen neutral. Es erfolgt weder eine Zustimmung noch eine Ablehnung, es erfolgt kein Vorwurf und kein Lob. Das ist keine einfache, aber eine sehr wichtige Übung. Die Schwierigkeit besteht vor allem darin, sich nicht selbst zu beurteilen, während man beobachtet – weder im positiven noch im negativen Sinne. Jegliche Bewertung würde sofort das Beobachtungsvermögen trüben und damit die Übung misslingen lassen. Man nimmt dann nicht mehr länger objektiv wahr, sondern die Beobachtung wird durch das Urteil verzerrt.

Der Sinn dieser Übung zur Erhöhung der Wachheit und Bewusstwerdung liegt unter anderem darin, klar zu erkennen, in welchem Ausmaß man auf den ersten Blick hin ein negatives Urteil über andere Menschen fällt. Es geht um nichts Geringeres, als sich ohne zu urteilen bewusst zu machen, in welchem Ausmaße man Urteile über andere Menschen fällt. Dabei wird unschwer deutlich werden, dass es in der überwiegenden Mehrheit der Fälle um negative Urteile geht. In vielen Situationen des täglichen Lebens werden die dunklen, bedrohlichen, vielleicht auch beängstigenden Seiten einer Situation so überbewertet, dass es dem Auge des voreingenommenen Betrachters vollständig entgeht, welche positiven Aspekte die Umstände auch boten. Die Kunst besteht nun darin, wenn sich aus einer wachen Beobachtung die geschilderte Einsicht ergibt, auch auf diese nicht wieder selbst-verurteilend zu reagieren. Es gilt auch dann noch, eine emotionale Neutralität zu bewahren.

Je ehrlicher man sich selbst betrachtet und je vorurteilsfreier man zu schauen lernt, desto dringlicher steigt die Frage auf, woher die Neigung kommt, in den meisten Fällen Menschen oder Situationen negativ und verurteilend zu bewerten? Warum fällt der Blick zuerst auf das Unschöne oder Hässliche im anderen, ehe man die Aufmerksamkeit auf seine schönen und guten Qualitäten richtet? Warum ist bei vielen Menschen diese Vorgehensweise schon fast zu einer üblen Gewohnheit geworden, derer sie sich nicht einmal mehr bewusst sind?

Der Einzelne kann sich nicht ohne bewusste Anstrengungen vom Zeitgeist lösen. In der Gegenwart werden nun so viele dunkle Aspekte ans Licht gebracht, dass viele Menschen, meist unbewusst, zuerst von dieser Dunkelheit und Negativität überwältigt werden. Das Negative scheint derart zu dominieren, dass die lichten, positive Aspekte dagegen völlig ins Hintertreffen geraten. Die Lösung von gewaltigen Mengen alter karmischer Belastungen hat in der gegenwärtigen Zeit des Überganges zu einem neuen, lichteren Bewusstsein dazu geführt, dass die geistigen Wahrnehmungsorgane gewissermaßen von außen verschmutzt wurden.[19]

Es geht also darum, diese getrübte Wahrnehmung zu beseitigen. Dazu bedarf es einer vollständigen Umwandlung der eigenen Lebenseinstellung, die man in gewissem Sinne eine „neue Erziehung" nennen könnte. Es geht darum, sich selbst im Spiegel der eigenen Wahrnehmung neu zu sehen und auszurichten.

Es wird sich als keine leichte Aufgabe herausstellen, bei jeder Begegnung mit einem anderen Menschen, in jeder Situation des Alltages und bei jeder neuen Herausforderung zuerst das Positive zu sehen. Deshalb

---

[19] Vgl. dazu Prokofieff, a.a.O., S.60 ff.

kommt es darauf an, gewissenhaft in jeder Lebenslage die Übung auszuführen, zuerst das Schöne, Anrührende, Einmalige und Bemerkenswerte eines Menschen zu sehen. Dabei ist große Aufmerksamkeit erforderlich, denn allzu leicht schleicht sich die alte Angewohnheit wieder ein, die negativen Aspekte in den Vordergrund zu rücken. Hier gilt es dann, sofort korrigierend einzugreifen.

Jeder Mensch trägt in sich etwas Anrührendes, Einmaliges, das es zu entdecken gilt. Dieses gilt es zu finden, gewissermaßen zu entdecken. Erst wenn man sich diese Wesenszüge eines anderen zu eigen gemacht hat, darf man es sich gestatten, die Aufmerksamkeit auf die weniger angenehmen, dunklen Charaktereigenschaften zu richten. Dabei wird sich ein eigenartiges Phänomen einstellen, indem man unerwartet feststellt, wie unwichtig das Negative inzwischen geworden ist. Im tiefsten Sinne betrachtet, würde die christliche Esoterik von einer Einkehr der Christus-Kräfte sprechen, die immer dann eine Heimat im Menschen finden, wenn er seinen Blick auf das Gute und Positive richtet. Das Gute im Menschen zieht das Gute aus der Geistigen Welt zu sich heran. Auch hier gilt das alte hermetische Prinzip: Gleiches zieht Gleiches an.

Wer dagegen umgekehrt vorgeht und seine Aufmerksamkeit vorrangig auf die negativen, dunklen Aspekte eines Menschen richtet, zieht auch die Kräfte der Dunkelheit in sein Bewusstsein. Das Anziehungsprinzip ist völlig neutral und gilt für beide Seiten.

Wer, nachdem er die Aufmerksamkeit auf die Dunkelheit und Negativität gerichtet hat, versucht, nunmehr die guten und positiven Seiten eines Menschen zu sehen, wird feststellen, wie schwierig sich dieses Unterfangen gestaltet. Das Gute ist nunmehr durch die Schatten der Dunkelheit überlagert, seine unverstellte Wahrnehmung kaum mehr möglich. Das Gute wird gleichsam von dunklen Fäden durchzogen und büßt dadurch einiges an Glanz ein. Wenn man sich diese Zusammenhänge sorgfältig bewusst macht, begreift man, wie wichtig es ist, sich zuerst auf das Gute im Menschen auszurichten, ehe man sich mit seinen negativen Eigenschaften befasst.

Was im vorhergehenden Absatz für die zwischenmenschlichen Beziehungen gesagt wurde, gilt gleichermaßen auch für abstrakte Situationen oder schicksalhafte Lebensereignisse. Wer sich auch hierbei zuerst auf die möglichen positiven Aspekte einstellt, wird jeder Herausforderung des Lebens mit einer bejahenden Grundeinstellung begegnen. Auch hier wird sich dann herausstellen, um wieviel leichter die Prüfungen des Alltags zu bewältigen sind, wenn man ihnen auf der Bahn des Lichtes begegnet. Wer die Energien des kosmischen Christus in jede Lebenssituation einströmen lässt, wird sie ungleich leichter bewältigen können als jemand, der sich von den Mächten der Dunkelheit leiten lässt.

Die Anwendung dieses Prinzips wird auch die „Vergebung im Kleinen" genannt, weil sie die Anwendung des Prinzips der Ausrichtung auf das Lichte und Schöne im Alltag darstellt und damit jene Kräfte ins Dasein ruft, die erforderlich sind, um ein Leben aus der Kraft des Verzeihen-Könnens zu führen. Wenn man diese Lebenseinstellung regelmäßig und diszipliniert praktiziert, wird sie den Menschen mit zwei Geschenken beglücken.

1) Er lernt, seine Emotionen zu kontrollieren und wird so Schritt für Schritt stärker als alle seine Ängste und Aggressionen. Er lernt, die dunkle Seite seines Wesens zu sehen und zu beherrschen. Diese Umstände werden ihn den ersten Schritt voran auf dem Pfad zur Meisterschaft führen.

2) Er wird Schritt für Schritt zum Gefäß für sein höheres Selbst. Je eindeutiger er die dunkle Seite seines Wesens zu überwinden vermag, desto ungehinderter können die Inspirationen seitens des höheren Selbst einfließen. Jenes wiederum schenkt ihm die Befähigung, zu vergeben und zu verzeihen.

Der zweite Schritt

Der zweite Schritt auf dem Einweihungsweg zum Verzeihen beinhaltet, sich ein ehrliches Interesse für den Mitmenschen zu eigen zu machen. Eine wahrhafte Aufmerksamkeit und Achtsamkeit muss aus dem Herzen kommen und darf nicht aufgesetzt sein, andernfalls übt sie keinerlei Wirkung aus, weder für einen selbst noch für einen anderen. Wirkliches Interesse am anderen führt zur Entdeckung seines wahren Wesens hinter der Fassade, die er vielleicht im Alltag errichtet hat. Es führt zu einer Öffnung des Herzens für den anderen und zur einer Öffnung des anderen für einen selbst.

Wirkliches Interesse am anderen hilft zur Entfaltung eines tiefen Mitgefühls für seine Verletzungen, die er erlitten hat, sowie für jene Lasten, die er vielleicht aus alter Vergangenheit noch mit sich trägt. Wirkliches Interesse am anderen führt in letzter Konsequenz zu einer wahren Begegnung und zu einem ehrlichen Gespräch von Herz zu Herz, in dem nichts verborgen bleibt, sondern in dem man sich selbst dem anderen in seiner ganzen Verletzlichkeit zeigt. Dort, wo Menschen lernen, auf diese Weise miteinander zu kommunizieren, wird sich mühelos auch die Liebe einstellen. Wirkliches Interesse für einen anderen versetzt uns daher in die Lage, uns in Liebe mit ihm zu verbinden; und wo dies geschieht, wird der Betreffende unmerklich zu einem Gefäß für das höhere Selbst. Das höhere Selbst steht für die Liebe, und dort, wo die Liebe sich entfaltet, bahnt sie auch einen Weg für die Kräfte, die aus dem höheren Selbst herabströmen wollen. Wirkliches Interesse an einem anderen verwandelt uns also Schritt für Schritt zu einem Werkzeug für unser eigenes höheres Selbst.

Wer wahrhaft an einem anderen Menschen interessiert ist, wird imstande sein, dessen inneres Geheimnis zu entdecken. Er wird beginnen, das höhere Selbst, den göttlichen Funken im anderen, zu erspüren, und wird ehrfürchtig und verwundert vor dem Mysterium des Lebens stehen, das ihm in seinem Gegenüber begegnet. Nur das wahrhafte Interesse an einem anderen schenkt den Schlüssel zu diesem Geheimnis; denn nur dieses Interesse lässt die Geduld aufbringen, die erforderlich ist, um diesem Geheimnis auf die Spur zu kommen. Das

Geheimnis des Lebens, wie jedes Geheimnis, erschließt sich nicht auf den ersten Blick, sondern man sieht es nur mit den Augen des Herzens. Nur mit diesen Augen sieht man wahrhaft gut und vermag die göttlichen Kräfte zu erblicken, die durch den anderen Menschen strömen. Wer aber dem Geheimnis eines anderen Menschen nahe gekommen ist, der ist zugleich dem Geheimnis des Daseins an sich, dem Geheimnis der ganzen Schöpfung nahe gekommen. Jenem Geheimnis, das hinter allem Äußerlichen verborgen liegt. Auch hier zeigt sich, wie sich die Feinfühligkeit gegenüber dem menschlichen Dasein zu einer Feinfühligkeit für das Leben an sich ausweitet. Hier stoßen wir auf ein weiteres hermetisches Prinzip: „Wie im Kleinen so im Großen. Wie im Mikrokosmos so im Makrokosmos." Wer das Geheimnis des Lebens im Mitmenschen gefunden hat, ist dem Geheimnis des Kosmos einen entscheidenden Schritt näher gekommen. Die verborgene Anwesenheit des Göttlichen im Nächsten verweist auf die verborgene Anwesenheit des Göttlichen in allem.

Wer diesen zweiten Schritt absolviert hat, wird feststellen, in welchem Ausmaß er toleranter und duldsamer geworden ist. Zum einen weil man aufmerksamer geworden ist für den anderen und ihn dadurch besser verstehen gelernt hat; was früher störte, wird heute mit einem Lächeln akzeptiert. Zum anderen durch die Entdeckung der inneren Schönheit des anderen. Dort, wo früher die Eigenwilligkeiten des Egos störten, werden sie heute überlagert durch die Göttlichkeit, die man im anderen entdecken durfte.

Toleranz und Duldsamkeit jedoch sind wichtige Schritt voran zum Ziel eines Lebens aus der Kraft der Verzeihung.

Der dritte Schritt

Der dritte Schritt auf dem Einweihungsweg ergibt sich als Konsequenz aus dem zweiten; denn wenn man die vorstehend genannten Übungen in seinem Leben konsequent angewandt hat, wird dies eine wachsende Feinfühligkeit zur Folge haben. Man wird empfindsamer für das Wesen eines anderen Menschen, eines anderen Lebewesens, der Natur, der Erde, für alles, was existiert. Mit dieser sich entfaltenden Sensitivität geht allerdings auch das Bewusstsein einher, auf welche Weise negative, verurteilende Worte oder selbst Gedanken auf andere Wesen einwirken.

Alles, was wir denken, alles, was wir sagen, übt eine Wirkung auf andere, eine Wirkung auf das Leben auf Erden aus. In den esoterischen Schriften gibt es Berichte, wonach die Menschen in einer viel früheren Phase der Evolution sofort eine Verletzung an ihrer körperlichen Hülle davontrugen, wenn jemand etwas Hässliches sagte oder nur dachte. In jener Epoche sah man die Auswirkungen von negativen, lieblosen oder verurteilenden Gedanken oder Worten sofort in ihrer konkreten Ausgestaltung vor sich. Der andere begann buchstäblich zu bluten! In der heutigen Entwicklungsperiode hat sich dieser Vorgang natürlich verändert, und die Auswirkungen von Worten und Gedanken sind nicht mehr unmittelbar nachvollziehbar. Was allerdings nicht besagen will, dass sich die Wirkungen in irgendeiner Weise auch verändert hätten. Das Resultat dieser Veränderung hat den Menschen nur dazu verführt, seine negativen Gedanken und lieblosen Worte noch bedenkenloser freizusetzen.

Die Aufgabe der vor uns liegenden Zeit ist es daher, wieder ein klares Bewusstsein für die Auswirkungen von Gedanken und Worten zu gewinnen. Diesmal muss der Bewusstwerdungsprozess allerdings von innen heraus erfolgen, weil die äußeren Wahrnehmungssinne sich verändert haben. Trotzdem sollte es nicht schwerfallen, sich die negativen Auswirkungen von lieblosen Gedanken oder unfreundlichen Worten aus dem eigenen Erleben vor Augen zu führen.

Man muss sich nur vorstellen, wie man selbst auf bestimmte lieblose, harte oder unfreundliche Worte reagierte, die ein anderer einst äußerte. Wenn sie tief verletzten, trägt man an ihrer Wirkung manchmal viele Jahre. Es erfordert große Mühe und viel guten Willen, die Enttäuschung oder Verletzung, die manche Worte auslösten, zu verarbeiten und zu überwinden, um dem anderen wieder unbefangen und freundlich begegnen zu können. Jeder Mensch wird, wenn er in die Stille geht, solche Erinnerungen und Situationen in sich wachrufen können. Ist es nicht ein bemerkenswertes Phänomen, dass Worte, die in wenigen Sekunden achtlos gesprochen wurden, eine solch tiefgreifende und sich über Jahre erstreckende Auswirkung haben können? Wieviel

Gedankenkraft und welche intensive Arbeit an den eigenen Gefühlen erfordert es, bis die Wirkung dieser Worte endlich aufgelöst und vergessen werden kann?

Wenn man sich diesen einfachen und doch so folgenreichen Vorgang wirklich bewusst gemacht hat, sollte es einem leichtfallen, sich in jeder Situation des Lebens vorzustellen, welche Auswirkungen die eigenen Worte und Gedanken auf andere haben würden. Will man einem anderen Menschen wirklich dieselben Schmerzen bereiten und ihn in einen Prozess zwingen, der sich über Jahre erstrecken kann? Je konkreter man sich die Folgen für einen anderen vorzustellen vermag, desto größer wird die Hemmschwelle, die überschritten werden muss, um ihn bewusst durch Worte oder Taten zu verletzen.

Wird diese innere Übung mit großer Wachheit und Achtsamkeit vollzogen, ermöglicht sie eine Einsicht, die auf einer höheren Ebene der Entwicklungsspirale des Lebens jene Erfahrung einer früheren Menschheit wieder zugänglich macht, als die Verletzungen durch Worte oder Gedanken beim Gegenüber sofort sichtbar wurden.

Es verdient vielleicht noch einmal hervorgehoben zu werden: Das Gesetz gilt für Worte *und* für Gedanken! Gedanken verfügen über eine mächtige Wirkkraft. Normalerweise wird dies nicht unmittelbar berücksichtigt, weil man meint, der andere wisse beziehungsweise höre ja nicht, was man denke. Nach dem falsch verstandenen Motto: „Die Gedanken sind frei!" Ein beeindruckendes Beispiel mag die Gedankenkraft verdeutlichen.

In einem Krankenhaus wurde der Versuch gemacht,

eine Gruppe von Kranken, die natürlich nicht darüber informiert war, durch Gebet in ihrem Heilungsprozess zu unterstützen. Gleichzeitig wurde eine Kontrollgruppe ähnlich Erkrankter gebildet, für die nicht gebetet wurde. Es zeigte sich, dass die Gruppe jener Kranken, für die gebetet wurde, deutlich schneller genas als jene Gruppe, für die dies nicht geschah. Die „Gebets-Gruppe" verließ im Durchschnitt drei Tage früher das Krankenhaus als die Kontrollgruppe! Gedanken senden eine machtvolle Energie aus und wirken intensiv auf andere Menschen ein, unabhängig davon, ob diese es bemerken oder nicht.

Der vierte Schritt

Der bisherige Prozess hat deutlich gemacht, wie bedeutungsvoll eine aufmerksame Selbstbeobachtung ist. Ohne eine sorgfältige Selbsterforschung und Selbsterkenntnis wären die ersten drei Schritte auf dem Einweihungsweg zur Vergebung nicht möglich gewesen. Wahrscheinlich ist jeder, der die Übungen dieser drei Schritt ausgeführt hat, mit bestimmten Angstgefühlen, mit Wut und Enttäuschung, mit Verhärtungen und alter Verbitterung konfrontiert worden. Jeder Mensch reagiert im Einzelfall anders darauf, was auch damit zusammenhängt, welche unverarbeiteten Emotionen und karmischen Strukturen er aus vergangenen Inkarnationen mitgebracht hat. In jedem Fall stehen diese ungelösten und unverarbeiteten

Programmierungen der Verwandlung von negativem zu positivem Denken im Wege. Wo noch Angst herrscht, stellt sich schnell Verurteilung ein; und wer einem anderen mit Furcht begegnet, wird schneller bereit sein, ihn abzulehnen. Diese alten Programme von Angst, Verletzung, Verhärtung oder Verbitterung gilt es also aufzulösen, um einen weiteren Schritt auf dem Einweihungsweg voranzukommen.

Ist man an diesem Punkt der inneren Einsicht angelangt, beginnt die Phase, in der man sich selbst in all seinen positiven wie negativen Aspekten ernst nimmt. Man macht sich nicht mehr selbst geringer, aber man schönt auch nicht mehr die eigenen dunklen Seiten. Nicht selten suchen Menschen an dieser Stelle des Weges gezielt therapeutische Hilfe, weil sie das Gefühl haben, allein nicht mehr weiterzukommen. Sie haben den festen Entschluss gefasst, sich mit alten Programmen oder lange unterdrückten Traumata entschlossen zu befassen und sie aufzuarbeiten. Heilung in dieser Phase ist nur möglich, wenn man seine Probleme ernst nimmt, sie bis zum Ursprung durchlebt und so lernt, sie schrittweise loszulassen. So kann beispielsweise Verbitterung, die im Grunde eine Form von Verhärtung ist, aufgeweicht und aufgelöst werden. Verhärtung verursacht zugleich Stillstand. Wird diese aufgelöst, kann der Fluss des Lebens wieder fließen. Wo Angst losgelassen wird, kann wieder Interesse am Leben erwachen; denn mit dem erneuten Erwecken der inneren Lebenskraft stellt sich eine lange vergessene Freude am Dasein ein.

Der vierte Schritt auf dem Einweihungsweg zur Vergebung beinhaltet also Übungen zur Bewusstwerdung von inneren Verhärtungen, von Angst und von der Flucht vor der Wirklichkeit des Lebens. Er bedeutet zugleich die klare Entscheidung, durch harte und entschlossene Arbeit an sich selbst diese Blockaden und alten Programme aufzulösen.

Verhärtung und Verbitterung steht im krassen Widerspruch zu Mitleid und Liebe. Wo Angst existiert, kann die Liebe keine Wohnung finden! Wenn Angst und Verbitterung aufgelöst werden, kann die Liebe wieder Einkehr halten. Das Leben bekommt dann eine ganz neue, höhere, lichtere Schwingung. Über diese vermag sich dann das höhere Selbst intensiver als bisher in der Persönlichkeit auszudrücken; denn Liebe ist die Kraft, aus der das höhere Selbst gespeist wird.

Der fünfte Schritt

Eine sorgfältige Beobachtung der gegenwärtigen Bewusstseinsentwicklung zeigt, inwieweit die Menschen inzwischen bereit sind, karmische Lasten ihrer Mitmenschen mitzutragen. Besonders gut lässt sich dies anhand der „Kinder einer Neuen Zeit", manchmal etwas irreführend „Indigo-Kinder" genannt, nachvollziehen. Diese Kinder weisen eine Fähigkeit auf, die der Menschheit im Allgemeinen bisher nicht zu eigen war. Sie können einen anderen Menschen vollständig in die eigene Aura aufnehmen. Sie stehen dem anderen also nicht gegenüber, sondern integrieren ihn vollständig in ihre Aura, in ihr eigenes Wesen. Sie empfinden den anderen daher genau so, als ob er ein Teil ihres eigenen Seins geworden wäre. Die Verbindung vollzieht sich dabei nicht auf einer persönlichen Ebene, sondern über eine höhere Dimension.

So kann es beispielsweise vorkommen, dass ein Kind in der Klasse über starke Bauchschmerzen klagt, obwohl es selbst ganz gesund ist, nur weil es die Bauchschmerzen eines anderen Kindes der Klasse nachempfindet. Es nimmt dessen Schmerzen als die eigenen wahr! Hier gilt es für die Eltern, sehr aufmerksam zu sein und dem Kind nicht vorzuwerfen, es würde nur simulieren. Diese Kinder einer neuen Zeit können nur schwer zwischen ihren eigenen Gefühlen und denen anderer Menschen unterscheiden, da sich beide in ihrem eigenen Wesen abspielen. Sie bedürfen einer besonders intensiven Zuwendung und geistigen Schulung, um zu lernen, zwischen den eigenen Empfindungen und den übernommenen eine Trennung vorzunehmen. Sie müssen lernen, ihre Feinfühligkeit zu behalten, aber trotzdem eine Grenze zu ziehen zwischen dem eigenen Selbst und der Wahrnehmungswelt der anderen.

Es ist unschwer einzusehen, dass die engste Bindung beziehungsweise Verbindung zwischen diesen Kindern und ihren Eltern besteht. Sie 'wissen' ganz einfach, was im Herzen ihres Vaters oder ihrer Mutter vor sich geht, und es wäre ein völlig sinnloses Unterfangen, wollten ihre Eltern ihnen vorspielen, sie wären glücklich, wenn ihr Kind doch genau spürt, dass das Gegenteil der Fall ist.

Noch einschneidender wird die Situation, wenn diese außergewöhnlichen Kinder, aufgrund ihrer innigen Verbundenheit mit ihren Eltern, unbewusst deren karmische Verarbeitungen auf sich ziehen, so als wären es ihre eigenen. Da sie noch nicht gelernt haben, sich abzugrenzen, nehmen sie an, die betreffenden Probleme und Schwierigkeiten wären ihre eigenen. Dabei kann die Palette der Probleme von allen Varianten von Ängsten, über Stolz und Hochmut bis hin zu sexuellen Komplexen reichen.

Wenn diese Kinder älter werden, kann es der Fall sein, falls ihnen nicht rechtzeitig die Fähigkeit zu differenzieren vermittelt wurde, dass sie noch immer die elterlichen Probleme mit sich herumschleppen. Sie ringen mit den Komplexen und Ängsten ihrer Eltern, so als wären es ihre eigenen. Das kann sogar so weit gehen, dass diese ungewöhnlichen Kinder das Karma ihrer Eltern auflösen und das praktizieren, was in der esoterischen Tradition des Ostens „stellvertretende Karma-Übernahme" genannt wird. Da das Karma-Gesetz in diesem Fall erfüllt wird, können die Kinder in der Tat alte karmische Belastungen ihrer Eltern aufgelöst haben. Das karmische „Schuldenkonto" wird in dem Maße reduziert, wie es von den Kindern ausgeglichen wurde.

Dies scheint mir erst der Anfang einer Entwicklung zu sein, in der wir Menschen ganz bewusst damit beginnen, einander bei der Bewältigung von karmischen Altlasten zu helfen. Schon immer war es so, dass große Eingeweihte oder die Meister der Weisheit sich inkarnierten, um mitzuhelfen, das Karma einer größeren Gruppe oder sogar eines ganzen Volkes mitzutragen. Ich bin überzeugt, eine so große Seele wie Nelson Mandela verkörperte sich in Südafrika, um das alte Karma Südafrikas stellvertretend zu übernehmen. Seine langen Jahre in der Gefangenschaft stellten keine persönliche Karma-Verarbeitung dar, sondern waren Teil seiner freiwilligen Übernahme von alten karmischen Schulden des südafrikanischen Volkes. So war es ihm aufgrund seines großen Opfers möglich, einen erheblichen Teil von diesem alten Karma zu transformieren. Ohne diese bewegende Tat wäre es wahrscheinlich nicht möglich gewesen, die Revolution in Südafrika ohne großes Blutvergießen zu einem glücklichen Ende zu bringen.

Der fünfte Schritt auf dem Einweihungsweg zur Vergebung handelt also von der Übung, sich bewusst damit zu beschäftigen, den Mitmenschen beim Aufarbeiten ihres Karma helfend zur Seite zu treten. Die große Veränderung der Gegenwart wird auch dazu beitragen, die Fähigkeit zu entwickeln, die eigene Aura so weit auszudehnen und zu erweitern, bis wir in der Lage sind, andere Menschen darin ganz aufzunehmen. Der andere wird dann nicht mehr im eigentlichen Sinne als „Gegenüber", sondern vielmehr als wesenhaft mit einem selbst verbunden wahrgenommen.

Im Rahmen des Bewusstwerdungsprozesses auf dem geistigen Pfad wird die Persönlichkeit sich in so intensivem Maße mit ihrem höheren Selbst verbinden, dass über diese Verbundenheit der Kontakt zum höheren

Selbst der Mitmenschen möglich wird. Je reiner die Aura eines Menschen wird, desto klarer formt sich die Verbindung zu seinem göttlichen Seelenfunken heraus; und je klarer diese Verbindung wird, desto inniger wird die Verbundenheit mit anderen Menschen sich gestalten. Dieser Prozess wiederum bietet die Möglichkeit, an der Aufarbeitung alter karmischer Belastungen mitzuhelfen, die unsere Freunde, Partner, Familienmitglieder oder Mitmenschen noch zu bewältigen haben. Als getrennte Wesen ist uns dies natürlich nicht möglich, sondern erst dann, wenn wir wirklich die Einheit allen Lebens bewusst in uns selbst wahrnehmen können.

In der christlichen Lehre gibt es die Aussage, Christus habe „die Sünden der Welt getragen". Es dürfte nicht wenige ernsthafte Menschen gegeben haben, die sich die Frage stellten und noch immer stellen, was diese Worte in ihrer Tiefe wahrhaft zu bedeuten haben. Unternehmen wir einmal einen Interpretationsversuch, indem wir das Worte „Sünde" durch das Worte „Karma" ersetzen. Christus hat das Karma der Menschheit auf sich genommen und in sich umgewandelt. So erlöste er die Menschheit von alten karmischen Belastungen. Christus war dazu in der Lage, weil er die Fähigkeit besaß, mit seiner Aura oder mit seinen höheren geistigen Körpern die ganze Menschheit zu umfassen und gewissermaßen in sich aufzunehmen. So war er imstande, die „Sünde der Welt auf sich zu nehmen".

Es stellt sich allerdings, wenn man diese Vorstellung anzunehmen bereit ist, die Frage, welches Karma Christus auf sich genommen und verwandelt hat? Die esoterische Lehre spricht in diesem Zusammenhang von unserem Verstoß gegen das Gebot der Liebe. Mit jedem bösen Wort oder jeder unfreundlichen Tat verletzen wir das Liebesgebot. Wir schädigen andere und damit auch uns selbst, und wir verunreinigen die geistige Atmosphäre, die Aura der Erde.

Der Mensch ist für zwei Dinge selbst verantwortlich: Er muss lernen, anderen zu vergeben; und er muss lernen, sich selbst zu vergeben. Solange er diese beiden Aufgaben nicht gemeistert hat, wird er sie in wiederholten Erdenleben immer wieder als Lernaufgabe gestellt bekommen. Dies nennen wir Karma. Die dritte Aufgabe jedoch, die Reinigung der Erde, überfordert die Möglichkeiten des Einzelnen. An dieser Stelle setzt die Erlösungstat des Christus ein. Durch sein großes Opfer, den freiwilligen Tod am Kreuz, war es ihm möglich, die Aura der Erde zu reinigen. Daher konnten große Mystiker und Eingeweihte in ihren Visionen erschauen, wie sich die Erde nach der Opfertat des Christus aufzuhellen begann und strahlender wurde. Ohne seine Erlösungstat wäre die Erde inzwischen für menschliches Leben unbewohnbar geworden. Christus nahm die „Sünden der Menschheit" auf sich, indem er die Aura der Erde transformierte und heilte.

Christus lebte das vollkommene Beispiel eines Menschen vor, der das Karma von anderen (der Menschheit) auf sich nimmt und verwandelt. Wer sich in das Christus-Mysterium einzuschwingen vermag, beginnt zu verstehen, was es bedeutet, das Karma seiner Eltern auf sich zu nehmen und zu verwandeln; und wer im Kleinen, im Persönlichen ein Verständnis für die Übernahme von Karma entwickelt, vermag sich so allmählich heranzutasten an das, was im Großen, im Planetarischen von Christus auf Golgatha vollbracht wurde.

Beim fünften Schritt auf dem Einweihungsweg zur Vergebung berühren wir daher auch das Christus-Mysterium, weil es auf diesem Abschnitt des Pfades darum geht, allmählich zu beginnen, das Karma anderer Menschen auf uns zu nehmen und zu verwandeln. Über das Verständnis im Kleinen erschließt sich dann das Verständnis der großen Mysterien des Lebens.

Es ist vielleicht hilfreich, hier noch hinzuzufügen, dass es sich bei diesem Geschehen nur bedingt um eine absichtsvolle, willentliche Tat handelt. Die Verwandlung von karmischen Belastungen anderer Menschen geschieht auf ganz natürliche Weise, indem wir an uns selbst arbeiten und unsere eigene Aura reiner und lichterfüllter machen. Dadurch wird unsere Aura größer, unser ganzes Wesen göttlicher und umfängt so allmählich auch andere Menschen. Die Arbeit an der Selbstverwirklichung wird daher auf ganz natürliche Weise zur Arbeit an der Transformation der Gesamtheit des Lebens auf diesem Planeten.

Der sechste Schritt

In dem Maße, wie das innere Bewusstsein erwacht, wird der Mensch fähiger, die Gesetzmäßigkeiten des Karma auf der Erde zu erkennen. Das innere Auge wird geschärft und erblickt die Kräfte der Zerstörung, die immer vom Einzelnen ausgehen und sich dann zu einer großen negativen Macht ausweiten. Mit zunehmender Entfaltung der Liebe im Herzen wird das Bedürfnis in jedem Menschen wachsen, diesen Kräften der Zerstörung und des Bösen Einhalt zu gebieten. Bezog sich der fünfte Schritt auf die Bereitschaft, unserem Nächsten beim Aufarbeiten von altem Karma behilflich zu sein, so wird der nächste Wegabschnitt uns zu einem bewussten Mitstreiter Christi im Kampf gegen das Böse auf der Welt machen.

Würde dieser Kampf auf einer früheren Stufe aufgenommen, stellte sich das Problem, das Gewalt gegen Gewalt, Aggression gegen Aggression und in Wahrheit Böses gegen Böses antreten würde. Gewalt oder Negativität lassen sich aber nicht mit ihren eigenen Waffen bekämpfen. Dieses Vorgehen würde nur dazu führen, das Böse und Negative zu verstärken. Das Böse aber kann nur durch das Gute überwunden werden. Wer also den Kampf gegen das Böse an der Seite des Christus aus dem Ego, aus der begrenzten Persönlichkeit führen wollte, würde genau dieser Gefahr erliegen und Aggression mit Aggression bekämpfen. Dies jedoch darf nicht geschehen, weshalb die „Streiter Christi" erst auf dieser sechsten Stufe berufen werden, wenn sie gelernt haben, den Kampf von der Ebene des höheren Selbst aus zu führen.

Die wahren friedvollen Krieger, die an der Seite des Christus stehen, haben gelernt, das Böse mit den Kräften der Liebe zu überwinden. Karma wird durch Verzeihen, Vergeben und Versöhnen überwunden, nicht durch neues gewalttätiges Handeln. Wer für die Sache Christi kämpfen möchte, kann dies nur aus einer Einstellung von Liebe, Güte und Mitgefühl tun. Dabei ist es nicht entscheidend, sich auf einer konfessionellen Ebene zu einer bestimmten Glaubensverkündigung zu bekennen. Es geht um das innere Wesen, nicht um das äußere Bekenntnis. Daher konnte der polnische Jude Bill Cody, dessen Frau und fünf Kinder gerade von den Nazis erschossen worden waren, sagen: „Der Hass hatte gerade die sechs Menschen getötet, die mir auf der Welt am meisten bedeuteten. Ich entschied mich dafür, den Rest meines Lebens – mochten es nun wenige Tage oder viele Jahre sein – damit zuzubringen, jede Person, mit der ich zusammenkam, zu lieben."[20] Cody erfüllte auf einzigartige Weise den Auftrag des sechsten Schrittes auf dem Einweihungsweg zur Vergebung. Er verwandelte durch seinen großartigen Lebenswandel den Hass in Liebe. Allerdings macht das Beispiel von Cody in fast erschreckender Deutlichkeit klar, welche Herausforderungen an den Menschen gestellt werden und welches Maß an Ego-Überwindung von ihm gefordert wird, wenn er diese Stufe des Weges meistern will. Ohne die

---

[20] Vgl. Kap.4

Verbindung mit seinem höheren Selbst wird diese Prüfung nicht zu bestehen sein. Dieses Maß an Selbstüberwindung, das erforderlich ist, um in solchen Grenzsituationen des Lebens verzeihen zu können, übersteigt bei weitem die Fähigkeit der Alltags-Persönlichkeit. Nur ein Mensch, der die bisherigen Stufen des Einweihungsweges beschritten hat, wird in Augenblicken einer solchen Herausforderung gemäß seines göttlichen Wesenskernes handeln können.

Ein Mensch, der sich zu diesen geistigen Einsichten voran gekämpft und sie wirklich in sein Bewusstsein integriert hat, kann, wie Bill Cody, sagen: „Es war eine leichte Entscheidung." Wer in so inniger Form mit seinem höheren Selbst verbunden ist, wie es Cody offensichtlich war, vermag in solch wundervoller Weise aus der Kraft der Liebe zu handeln. Er hat sein Ego nahezu vollständig überwunden, und Gedanken der Rache oder Vergeltung sind ihm fern. Er kann aus der Mitte seines Wesens heraus Verzeihung schenken und so nicht nur den unmittelbaren Tätern vergeben, sondern zugleich ein wenig der Dunkelheit der Welt auflösen. Er ist herangereift, um wahrhaft zum Kämpfer an der Seite des Christus zu werden.

Der siebte Schritt

Es wurde schon angesprochen, dass aus der Sicht der esoterischen Tradition ein Zusammenhang besteht zwischen unserem höheren Selbst und dem Christus. Der Christus trägt in gewisser Weise alle höheren Selbste in seinem Wesen. Er durchströmt sie mit seiner Liebeskraft und Energie. Je inniger sich ein Mensch also mit seinem höheren Selbst zu verbinden vermag, desto inniger wird auch seine Verbindung zum kosmischen Christus. Er beginnt zu spüren, wie die von Christus ausströmenden Eigenschaften – Liebe, Mitleid, Hoffnung und Hingabe – auch die bestimmenden Qualitäten seines eigenen Lebensweges werden. Er kann seine Aufgaben annehmen und zu einem bewussten „Mitarbeiter im Weinberg des Herrn" werden. Der Christus-Geist übernimmt allmählich die Aufgaben des Egos und erfüllt es mit seinen Gaben. Dieses Geschehen stärkt wiederum den Einfluss des höheren Selbst auf die Persönlichkeit und führt die ganze Entwicklung dem LICHT entgegen. Am Ende des siebten Schrittes wird der Mensch dann aus voller Überzeugung den Satz nachsprechen können: „Nicht ich wirke, sondern Christus wirkt in mir."

Diese Stufe des Weges ist erfüllt von einem tiefen, unbeschreiblichen Glücksgefühl. Der geistig Strebende hat erstmals den Eindruck, wahrhaft „nach Hause" gekommen zu sein. Er ist sich mehr und mehr sicher, sein Leben so zu verwirklichen, wie es im „Göttlichen Plan des Lebens" angelegt war.

Manchem Mystiker wurde auf dieser Stufe des Einweihungsweges sogar eine Begegnung mit Christus selbst zuteil. Wer sich so innig mit dem Christus-Geist im Inneren verbunden hat, dem wird vielleicht auch die Gnade zuteil, die Christus-Wesenheit im Äußeren erleben zu dürfen. Für die Menschen, die ja in einer dualen, in einer polaren Welt leben, in der die Verbundenheit mit der Geistigen Welt schon durch die Tatsache der Inkarnation beschränkt ist, gehört das Zusammentreffen mit der Christus-Wesenheit vielleicht zu den bewegendsten Erfahrungen überhaupt. Nachdem sich dies einmal ereignete, wird ihnen, wie etwa George Ritchie, bewusst, welche Verbindung auf der inneren Ebene möglich ist, in der die Einheit des Lebens auf eine weitaus intensivere Art und Weise verwirklicht werden kann.

In jedem Fall wird die Berührung durch den Christus-Geist dazu führen, den jeweiligen Menschen zu einem Werkzeug zu machen, durch welches sich das Licht des kosmischen Christus auf der Welt zu manifestieren vermag.

Die sieben Schritte auf dem Einweihungsweg zur Vergebung lassen sich vielleicht stichwortartig folgendermaßen zusammenfassen:

1) Sich seiner selbst bewusster zu werden und die „Vergebung im Kleinen" zu lernen.
2) Die Entwicklung echten Mitgefühls für den Nächsten.
3) Die Bewusstwerdung der Folgen negativer Worte und Gedanken.

4) Das Loslassen von Verbitterungen und Verhärtungen, um weich und verletzlich zu werden.
5) Die Übernahme von karmischen Lasten anderer und das Verständnis von Golgatha.
6) Das Böse durch Liebe zu überwinden und Mitstreiter Christi zu werden.
7) Den Christus-Geist im Inneren wirken zu lassen.

Kapitel 8

Die vier Merkmale

Die deutsche Sprache kennt für einen bestimmten geistigen Vorgang zwei Ausdrücke – Verzeihung und Vergebung.[21] Wenn man in die Tiefe der Bedeutung beider Worte geht, so werfen die daraus zu gewinnenden Einsichten ein helles Licht auf die Lehre, die in der esoterischen Philosophie mit ihnen verknüpft wird. In der Sprache selbst wird bereits das Geheimnis angedeutet, um das es im Geschehen des Verzeihens geht.

Das Wort „Verzeihung" stammt vom Verb „verzichten". Doch worauf verzichtet ein Mensch, wenn er einem anderen verzeiht? Das Ego verzichtet – und zwar auf Groll, Rache und Vergeltung. Dies wiederum ermöglicht es dem Ego, mittels der Unterstützung durch das höhere Selbst, einen Platz für die Verzeihung einzurichten. Das Verzichten ist also die notwendige Vorbedingung,

---

[21] Hier war für mich das schon zitierte Buch von Prokofieff hilfreich. Vgl. a.a.O., S. 92 ff.

um zum Verzeihen zu finden. Ohne den Verzicht auf Hass, Rache oder Vergeltung kann niemand wirklich verzeihen. Im Wort „Verzeihung" klingt also bereits ein Hinweis auf die Selbstüberwindung an, welche ein Mensch zu leisten hat, um einem anderen seine Taten von Herzen zu vergeben. Ein genaueres Verstehen der Worte, welche der Mensch oft unbewusst und unreflektierend verwendet, könnte ihm eine wertvolle Hilfe zum Verständnis geistiger Zusammenhänge sein.

Im Wort „Vergebung" wird der Hinweis, um was es geht, noch unmissverständlicher. Im Verb „vergeben" steckt das „Geben". Es handelt sich beim Vergeben weitgehend um einen Akt des Gebens. Vergeben bedeutet, sich in gewisser Weise selbst zu verschenken; man ver-gibt sich auch selbst. Hier verweist der Wortstamm gleich auf zwei geistige Prozesse.

Neben dem Sich-Verschenken an andere, denen verziehen werden soll, verschenkt sich der Mensch auch an sein höheres Selbst. Er verschenkt sich, indem er sich dem höheren Selbst, dem göttlichen Seelenfunken hingibt. Diese Hingabe ist von entscheidender Bedeutung, da die Kraft zur Vergebung, wie bereits ausführlich dargelegt wurde, etwas ist, was nicht aus der Persönlichkeit, aus dem Ego heraus geboren werden kann. Hingabe oder Übergabe an etwas Höheres ist also eine entscheidende Vorbedingung, um Verzeihung möglich zu machen.

Verzeihung und Vergebung, wie es die Sprache so wunderbar zum Ausdruck bringt, hängen also entscheidend mit Selbstüberwindung (verzichten) und Hingabe (vergeben) zusammen. Es ist erstaunlich und bemerkenswert, dass die deutsche Sprache zwei Worte für den gleichen Sachverhalt kennt, während in den meisten anderen europäischen Sprachen dafür nur ein Wort existiert. Ein Blick auf die betreffenden Worte dürfte sich lohnen:

Englisch: forgive
Französisch: pardonner
Italienisch: perdonare
Holländisch: vergeven

Hier klingt also überall das geschilderte Sich-Hingeben an etwas anderes an. Das englische „forgive" enthält „to give", was geben bedeutet. Im französischen „pardonner" finden wir „donner", was ebenfalls geben bedeutet. Das gleiche Verb „geben" steckt auch im italienischen „perdonare" und im holländischen „vergeven".

Wirft man dagegen einen Blick auf Russland, so meint das russische Wort für Vergebung (proschtschatj) soviel wie „verzichten auf all das, was den Frieden stört". Hier scheint in der ost-kirchlichen Tradition der Schwerpunkt mehr auf dem Verzeihen im Sinne von Verzichten zu liegen. Der Aspekt der Selbstüberwindung tritt also in den Vordergrund.

Die deutsche Sprache verleiht dem Vergebungsgeschehen die ganze Bandbreite sprachlicher Möglichkeiten und drückt damit gewissermaßen den inneren Auftrag des Landes aus, eine Brücke zu bauen zwischen Ost und West.

Bevor wir die vier Merkmale des Vergebens im Einzelnen besprechen, sei hier ein kurzer Hinweis auf den Erzengel Michael eingefügt. Wann immer wir uns dem Prozess der inneren Selbstüberwindung widmen, unterstützt uns die Kraft des Erzengels Michael dabei. Michael ist der große Streiter des Herrn. Er trägt das Schwert in der Hand, mit dem er den Drachen getötet hat. Der „Drache" ist das Symbol für unser Ego, das „Schwert" Symbol des Kampfes, den wir zu führen haben, um uns selbst zu überwinden und unser Ego zu transformieren. Im Prozess, der durch das Wort „Verzeihung" zum Ausdruck gebracht wird, stehen wir unter der Inspiration von Michael. Er ist der Erzengel an unserer Seite, solange wir um die Überwindung unseres Egos ringen.

Bei jenem Prozess, der mit dem Wort „Vergebung" umschrieben wird und in dem es sich um die Hingabe an das höhere Selbst oder den Christus handelt, stehen wir unter seiner Inspiration. Christus selbst hat sich geopfert, hat sich für die Menschheit hinge-geben am Kreuz. Überall dort, wo Menschen sich selbst verschenken oder voller Hingabe das Opfer ihrer selbst erbringen, stehen sie unter der geistigen Führung des Christus.

Wenn der Erzengel Michael und die Christus-Wesenheit selbst mit dem Prozess des Verzeihens befasst sind, so lässt sich daraus erschließen, welche weltgeschichtliche Bedeutung diesem Vorgang beigemessen wird.

Das erste Merkmal

Es gibt eine Reihe von Merkmalen, welche den Prozess der Vergebung im Detail charakterisieren. Anhand dieser Einzelheiten lässt sich festmachen, ob es sich wirklich um ein ernsthaftes Verzeihen handelt oder nur um ein Lippenbekenntnis. Es wird oft leichthin gesagt: „Ich habe diesem und jenem vergeben." Aber ist das auch zutreffend? Handelt es sich wahrhaft um Verzeihung? Wir wollen dies anhand von vier speziellen Merkmalen betrachten.

Das erste Merkmal beinhaltet die Überwindung des Egos. Wahrhafte Vergebung ist immer verbunden mit einem Opfer, in diesem Fall mit der Aufgabe von Groll, Wut, Hass oder Verbitterung – mit einem Wort *Selbstüberwindung*. Wahrhafte Vergebung bedingt den Kampf mit seiner kleinen Persönlichkeit, mit dem menschlichen Ego. Ein Kampf, bei dem der Erzengel Michael und seine Scharen uns zur Seite stehen. Wer nicht zuerst diesen Kampf ausgefochten hat, wird nicht für sich in Anspruch nehmen können, bei seiner 'Vergebung' handele es sich um wahrhaftes Verzeihen. Ohne innere Selbstüberwindung kein wahrhaftes Verzeihen!

Das zweite Merkmal

Ohne die Erkenntnis und praktische Umsetzung, dass negative Einstellungen wie Hass, Bitterkeit und andere zerstörerisch sind, kann es keine Vergebung geben. Ein Mensch, der über viele Jahre hinweg an seinem Hass festhält, zerstört sich und andere. Er wird mit der Zeit feststellen, wie er von seinem Hass geradezu körperlich zerfressen wird. Hass entstellt den Menschen seelisch *und* körperlich. Hass macht einen Menschen verbittert. Der Hass wird zum treibenden Motor des Handelns, und alles Tun wird vor dem Hintergrund und unter Anleitung dieses schrecklichen Motives gerechtfertigt. Der Hass tötet alle zarten Eigenschaften der Seele. Alle Zärtlichkeit und Empfindsamkeit, die in einem Menschen lebten, werden vom Hass Schritt für Schritt getötet. Wenn der Hass nicht überwunden wird, durchdringt er jede Pore des Menschen, verhärtet ihn und entstellt ihn auf furchtbare Art und Weise. Die Auswirkungen des Hasses können sich in bestimmten „Verhärtungskrankheiten" zeigen, wie Krebs, Arthrose, Arteriosklerose oder Rheuma. Man spricht in diesem Zusammenhang auch von den 'kalten Krankheiten', da sie niemals mit Fieber einhergehen.

Der Hass wird zum Eingangstor, durch welches sich die satanischen, ahrimanischen Kräfte Zutritt verschaffen. Wo jene Geister Einkehr halten, verhärten die Herzen, und die Menschen werden verbittert, lieblos und schroff. Sie vertreiben mit Macht die Strahlen der Liebe und des Mitleids, die unbemerkt Auszug halten.

Das Gegenteil dieses Verhaltens ist die Bitte Jesu, die er noch am Kreuz sprach: „Vater, vergib ihnen, denn sie wissen nicht, was sie tun."[22] Die Soldaten, die Jesus auf Befehl hin kreuzigten, besaßen nicht die geringste Einsicht in ihr Tun und hatten keinerlei Vorstellung von so etwas wie „karmischen Folgen". Durch seine Fürbitte entließ Jesus die Soldaten aus dem Karma, das sie mit ihrer Tat eigentlich ausgelöst hätten. Er *vergab* ihnen und hob dadurch das Karma-Gesetz auf.

Im übertragenen Sinne stehen die Soldaten als Symbol für unser unwissendes Ego, das noch offen ist für die Einflüsterungen des Bösen und seinen Weisungen unterliegt. Sie vollzogen jene Befehle, die aus dem Hass gegenüber Jesus geboren wurden und das Wirken der Dunkelheit vor zweitausend Jahren belegen.

Je länger der Mensch vom Hass besessen war, desto schwieriger wird es, sich von ihm zu befreien. Unglücklicherweise verfestigt der Hass zudem noch das Band mit jenem oder jenen Menschen, die Ausgangspunkt für diesen Hass waren. Hass macht Opfer und Täter zu Gefangenen ihrer negativen Einstellung – und das häufig über mehr als ein Leben hinweg. Hass schädigt also nicht nur die Seele, Hass beraubt uns eines der schönsten göttlichen Geschenke – der Freiheit.

---

[22] Lukas 23,34

Das dritte Merkmal

Das dritte Merkmal korrespondiert mit dem sechsten Schritt auf dem Einweihungsweg. Wahre Vergebung bekämpft das Böse nicht durch Gegengewalt, sondern löst es mittels der Liebe auf. Wahre Vergebung verzichtet auf Vergeltung und errichtet so jene energetischen Felder, die frei sind von karmischen Altlasten. Durch diese Handlungsweise bietet sich für den kosmischen Christus die Möglichkeit, seine Liebes- und Gnadenstrahlen herabzusenden, um den Mächten der Dunkelheit Einhalt zu gebieten und den Schatten durch Licht zu überwinden.

Das vierte Merkmal

Die gegenwärtige Zeit stellt die Endphase dar, in der noch das Gesetz des Auge um Auge zur Auswirkung kommt. Die Zeit der Vergeltung ist endgültig abgelaufen. Die Zeit der Vergebung und Gnade beginnt. Ihre ersten Auswirkungen dämmern bereits am Morgen eines neuen Zeitalters herauf. Alle Menschen guten Willens sind aufgerufen, dem Christus bei seinem segensreichen Wirken zur Seite zu treten. Christus benötigt menschliche Helfer, um seine Aufgabe zu erfüllen. Die menschliche Freiheit ist aber ein unantastbares Gut, daher kann er niemanden zur Mitwirkung zwingen. Wir selbst müssen die Wahl treffen, von einem Bewusstseinszustand der Vergeltung zu einer Einstellung der Vergebung zu wechseln. Wir sind eingeladen, den Worten der „Bergpredigt" zu folgen: „Ihr habt gehört, dass gesagt worden ist: Auge für Auge und Zahn für Zahn. Ich aber sage euch: Leistet dem, der euch etwas Böses antut, keinen Widerstand, sondern wenn dich einer auf die rechte Wange schlägt, dann halte ihm auch die andere hin."[23]

Die esoterische Philosophie spricht in diesem Zusammenhang des Übergangs von der Vergeltung zur Vergebung auch vom Wechsel von der „Mond-Religion" zur „Sonnen-Religion". Das Wort „Sonnen-Religion" meint hier im übertragenen Sinne auch das Aufscheinen des Christus-Lichtes im Herzen des Menschen. Dieses Licht ist es, das hilft, zu vergeben anstatt Vergeltung zu üben. Außerdem umschreibt der Begriff „Sonnen-Religion" das Zeitalter der Gnade, indem der Mensch mit dem kosmischen Christus mitarbeiten kann, um das Zeitalter des Karma, das Zeitalter der Vergeltung, endgültig durch die Liebe zu transformieren. Dies wird möglich werden, da das Licht des Christus in zunehmendem Maße aus den Herzen der Menschen aufleuchten wird.

Das Christus-Licht, in seiner Schlichtheit, seiner Liebe und seinem Mut, schenkt den Menschen offenen Herzens die Gaben, welche benötigt werden, um das Zeitalter der Sonnenreligion herbeizuführen.

Ich möchte aber an dieser Stelle davor warnen, sich diesen Prozess als 'esoterische Spielerei' vorzustellen.

---
[23] Matth. 6,45-51

Der Übergang zum Zeitalter der Gnade wird sich als ein dramatischer Kampf mit den Mächten der Dunkelheit erweisen, die alle ihre Kräfte einsetzen werden, um diese Verwandlung zu verhindern. Nur mit Hilfe der Christus-Energie wird es den gutwilligen Menschen möglich sein, sich den Einflüsterungen und Beeinflussungen der Dunkelheit zu widersetzen. Wer noch auf das Gesetz der Vergeltung setzt, bietet daher diesen Kräften weiterhin eine Möglichkeit, ihre Macht auszuüben. Es ist daher aus einer planetarischen Perspektive von so außerordentlicher Bedeutung, die erlösende Kraft des Verzeihens zu entfalten. Sie erlöst nicht nur den Einzelnen von den Bandes des Hasses, sie erlöst zugleich den ganzen Planeten aus der noch verbliebenen Umklammerung durch die Mächte der Finsternis.

Zu Zeiten der „Mond-Religion" kam das Licht des Christus noch von außen zu uns. Es zeigte sich indirekt, durch Gebote und Vorschriften. Diese waren so lange erforderlich, wie die Menschen noch keinen Zugang in die inneren Welten besaßen. Das Christus-Licht im Inneren war noch nicht aufgeleuchtet. Der Mond steht als Symbol für diesen nur indirekten Einfluss des Christus auf die Menschheit; denn der Mond strahlt das Sonnenlicht zurück zur Erde. Das Mondlicht ist also gewissermaßen ein indirektes Sonnenlicht.

Die Mission von Jesus, dem Christus, war es, den Übergang von der „Mond-Religion" zur „Sonnen-Religion" einzuleiten. Den Übergang von einer Zeit äußerer Gebote und Verordnungen zur einer Zeit inneren Wissens. Von einer Zeit der Vergeltung zu einer Zeit der Vergebung. Von einer Zeit des Karma zu einer Zeit der Gnade.

Die Zeit ist nunmehr gekommen, in der jene Verheißung Wirklichkeit zu werden beginnt. Die Botschaft des Christus hat allmählich die Herzen der Menschen durchdrungen und begonnen, auch die Gesellschaften zu verwandeln.

Das vierte Merkmal beinhaltet also die bewusste Mitarbeit am Übergang vom Zeitalter der „Mond-Religion" zum Zeitalter der „Sonnen-Religion". Ein Übergang, der sich zuerst in den Herzen der Menschen vollziehen muss. Die Gnade muss sich im Menschen ausdrücken und durch ihn in die Gesellschaft einfließen. Wenn die „Sonnen-Religion" verwirklicht werden soll, muss sich die Kraft des Verzeihens als Wirklichkeit des Alltags zeigen!

Kapitel 9

Zwei Beispiele aus dem Neuen Testament

Jesus und die Ehebrecherin

Im Johannes-Evangelium wird die folgende bewegende Begebenheit überliefert:

„Da brachten die Schriftgelehrten und die Pharisäer eine Frau, die beim Ehebruch ertappt worden war. Sie stellten sie in die Mitte und sagten zu ihm: „Meister, diese Frau wurde beim Ehebruch auf frischer Tat ertappt. Moses hat uns im Gesetz vorgeschrieben, eine solche Frau zu steinigen. Nun, was sagst du?"

Mit dieser Frage wollten sie ihn auf die Probe stellen, um einen Grund zu haben, ihn zu verklagen. Jesus aber bückte sich und schrieb mit dem Finger auf die Erde. Als sie hartnäckig weiterfragten, richtete er sich auf und sagte zu ihnen: „Wer von euch ohne Sünde ist, werfe als erster einen Stein auf sie." Und er bückte sich wieder und schrieb auf die Erde.

Als sie seine Antwort gehört hatten, ging einer nach dem anderen fort, zuerst die Ältesten. Jesus blieb allein zurück mit der Frau, die noch in der Mitte stand.
Er richtete sich auf und sagte zu ihr: „Frau, wo sind sie geblieben? Hat dich keiner verurteilt?"
Sie antwortete: „Keiner, Herr."
Da sagte Jesus zu ihr: „Auch ich verurteile dich nicht. Geh und sündige von jetzt an nicht mehr!""[24]

Es ist beeindruckend zu sehen, wie Jesus die Schriftgelehrten und Pharisäer dazu bewegen kann, die beim Ehebruch ertappte Frau nicht aus dem Ego, aus der irdischen Persönlichkeit heraus zu bewerten, sondern sie von ihrem höheren Selbst aus zu betrachten. Die Schriftgelehrten verlangten danach, die Frau gemäß dem alten mosaischen Gesetz, dem Gesetz der Vergeltung, zum Tode zu verurteilen und zu steinigen. Dieses Verlangen entspricht dem engstirnigen Vergeltungsdenken des Egos. Die damalige geistige Oberschicht Israels lebte noch ganz in dieser Bewusstseinsstruktur und war nicht in der Lage, ein verändertes Denken anzunehmen.

Sie ahnen zwar, dass Jesus mit ihrer Vorverurteilung nicht einverstanden sein könnte, hoffen aber wohl insgeheim, er könnte ihnen in die Hände spielen, indem er etwas sagen würde wie: „Moses hat uns das zwar gelehrt, aber meiner Meinung nach sollten wir anders handeln." Hätte sich Jesus in dieser Weise geäußert, hätten sie eine Handhabe gegen ihn besessen. Er hätte

---

[24] Joh. 8, 3-11

sich in ihren Augen gewissermaßen selbst verurteilt; denn ein Rabbi, der das Gesetz des Moses nicht einhielt, konnte getötet werden. In dieser Hinsicht gab es in Israel kaum abweichende Meinungen.

Andererseits mochten sie darauf spekuliert haben, Jesus könnte, aus Angst vor seiner eigenen Verurteilung bei einer vom mosaischen Gesetz abweichenden Äußerung, so etwas sagen wie: „Wenn Moses das lehrt, dann soll diese Frau also gesteinigt werden." Damit wäre es ihnen gelungen, sein Ansehen unter seinen Jüngern erheblich zu schädigen, denn diese wussten natürlich genau, wie anders Jesus dachte und urteilte. Sie hatten oft genug erlebt, in welchem Ausmaß ihr Meister der Liebe den Vorrang vor dem Gesetz gegeben hatte. Hätte er aus Angst um das eigene Leben sein eigenes Liebesgebot verraten, wäre seine Glaubwürdigkeit auf dramatische Art und Weise verlorengegangen.

Was Jesus also auch sagte, ob er sich für eine Steinigung oder dagegen aussprechen würde, die Pharisäer glaubten, er würde in jedem Fall Schwierigkeiten bekommen. Genau dies aber war ihre Absicht, was Johannes mit den Worten ausdrückt: „Sie wollten ihn nur auf die Probe stellen, um einen Grund zu finden, ihn zu verklagen."

Jesus entzieht sich diesem Dilemma auf beeindruckende Weise, die ihn als großen Meister der Weisheit erweist. Er antwortet ihnen: „Wer von euch ohne Sünde ist, der werfe als Erster einen Stein auf sie." Durch diese Worte gelingt es ihm, im Inneren der Schriftgelehrten und Pharisäer ein Umdenken zu initiieren. Er führt sie aus der Sphäre des persönlichen Ego-Denkens zu einer

Reflexion aus einer höheren Ebene. Dieser Rückbezug auf ihr inneres Wesen und die damit einhergehende ehrliche Selbstprüfung führt dazu, dass einer nach dem anderen die Steine aus der Hand legt und seines Weges geht. Die Steinigung ist kein Thema mehr!

Es gab nur eine Möglichkeit, der Falle zu entgehen, welche die Pharisäer Jesus gestellt hatten, nämlich ihnen eine Antwort von einer höheren Warte aus zu geben, die nicht mehr der polaren Welt des Egos entsprach. Jesus gelang diese Wende der Situation, indem er seine Herausforderer nach innen blicken ließ. Natürlich wusste er, dass keiner von ihnen ohne Fehl war. Er musste sie nur dazu bringen, diese Tatsache unverhüllt selbst einzusehen. Als sie ihre eigenen Schwächen und ihre persönliche Sündhaftigkeit anschauten, konnte keiner von ihnen mehr auf einer Steinigung bestehen. Sie standen plötzlich mit der vorverurteilten Frau auf einer Stufe. Ein Einsicht, die ihnen außerordentlich unangenehm gewesen sein dürfte. Sie hätten gewissermaßen Steine auch auf sich selbst werfen müssen. Um dieser misslichen Lage zu entkommen, zogen sie sich so schnell es ging zurück.

Es war den Pharisäern nicht gelungen, Jesus eine Falle zu stellen, sondern umgedreht war es ihm vielleicht möglich gewesen, sie ein wenig mit ihrem höheren Selbst in Verbindung zu bringen. Das Ego verfügt über starre Regeln, Vorschriften und Vergeltungsmaßnahmen. Das höhere Selbst dagegen schenkt Demut und Bescheidenheit und darin die Möglichkeit, die Vorurteile und Unvollkommenheit der kleinen Alltagspersönlichkeit wahrzunehmen. Diese Einsicht führte die Pharisäer dazu, auf eine Steinigung zu *verzichten*. Ein erster wichtiger Schritt hin zu einem wahrhaften Verzeihen. Dieser Schritt wurde nur möglich, indem Jesus sie auf meisterhafte Weise dazu brachte, nach innen zu gehen und sich selbst zu betrachten.

Die Bedeutung dieser Überlieferung aus dem Neuen Testament für die Gegenwart liegt darin, dass jene Situation der Ehebrecherin, die nach Rache rufende 'moralische' Mehrheit und ihre Unfähigkeit, auf die eigenen Fehler zu schauen, bis heute typisch geblieben ist. Noch heute wären viele Menschen, die schnell mit einem Urteil zur Hand sind, aufgerufen, ihre eigene 'Sündhaftigkeit' zu betrachten – und dann müssten auch noch heute die Steine wieder zur Seite gelegt werden!

Es erfordert ein erhebliches Maß an Mut, die eigene Empörung zu reflektieren, die eigene Fehlerhaftigkeit und Lieblosigkeit anzuschauen und dann innerlich etwas zu ändern. Liebe, Frieden und Verzeihen entfalten sich aber nur auf diese Art und Weise, wie Jesus in der Begegnung mit der Ehebrecherin in zeitloser Klarheit offenbart hat.

Es ist noch ein weiterer Aspekt des Berichtes aus dem Johannes-Evangelium von Bedeutung, nämlich die merkwürdige und nur schwer zu begreifende Tatsache, dass Jesus mit dem Finger auf die Erde schrieb, zumal dieser Vorgang zweimal geschieht. Beide Male handelt Jesus im Anschluss an eine Frage der Pharisäer auf diese Weise. Sie fragen ihn, ob das Gesetz des Moses nicht zur Ausführung kommen müsse, das die Steinigung der Ehebrecherin zur Folge haben würde. Ehe Jesus ihnen antwortet, schreibt er auf die Erde. Was bezweckte Jesus mit dieser Geste?

Offensichtlich ist dieses Geschehen nicht bedeutungslos, denn als die Pharisäer noch einmal nachzufragen beginnen, wiederholt Jesus diese Handlung und schreibt erneut auf die Erde. Auch für Johannes muss diese Vorgehensweise Jesu so bedeutungsvoll gewesen sein, dass er sie beide Male erwähnt.

Wenn man den tieferen Sinn dieser Geste verstehen will, muss man das Augenmerk auf etwas anderes richten, das aber mit diesem Geschehen in einem engen Zusammenhang steht – auf das Gesetz von Reinkarnation und Karma. Ich habe keinen Zweifel, dass Jesus im engeren Kreis seiner Jünger über dieses Zwillingsgesetz gesprochen hat.[25] Bezogen auf den Fall der Ehebrecherin würde dies bedeuten, dass der Mensch sich nicht um Vergeltung zu kümmern habe, sondern dies dem Gesetz des Karma überlassen solle. Sollte dieser karmische Ausgleich nicht im gegenwärtigen Leben erfolgen, so geschähe es in einem zukünftigen. Es wäre nicht die Angelegenheit des Menschen, dies in die eigenen Hände zu nehmen.

Aus esoterischer Sicht betrachtet, wird dieses unausgeglichene Karma in der Sphäre der Erde, in ihrer Aura, aufbewahrt. Wenn der Mensch stirbt, tritt er in die Geistige Welt ein, von wo aus er später wieder in eine neue Inkarnation zurückkehrt. Sein Karma wird

---

[25] Vgl. dazu: Hans Stolp, Karma, Reinkarnation und christlicher Glaube, Baarn 1996

in der Zwischenzeit von der Erde aufbewahrt, bis er es in einer neuen Inkarnation wieder an sich nehmen und aufarbeiten kann. *Niemand kann dem Gesetz der Vergeltung entkommen, es sei denn, derjenige, dem wir Leid zugefügt haben, vergibt es uns vollkommen.* Erfolgt diese Vergebung nicht, bleibt das Karma-Gesetz in vollem Umfang in Kraft. Die Vergeltung wird sich dann gesetzmäßig vollziehen.

Da im Judentum zur Zeit Jesu die Kenntnis wiederholter Erdenleben in den höheren spirituellen Kreisen durchaus bekannt war, stellt sich die Frage, worüber sich die Pharisäer empörten? Sie hätten im Fall der Ehebrecherin doch das Karma-Gesetz seinen Lauf nehmen lassen können. Doch dies war ja offensichtlich gar nicht ihre Absicht gewesen. Sie wollten Jesus in eine Situation führen, in der er ihnen Material für eine Anklage lieferte. Da Jesus aber die geheime Lehre von Reinkarnation und Karma nicht öffentlich ansprechen konnte, weil sie in nicht-initiierten Kreisen unverständlich geblieben wäre, versuchte er sie in einer schlichten Geste anzudeuten. Eine Geste, die dem Hinweis Jesu entspricht, wer „Ohren habe zu hören" werde ihn schon verstehen.

Wenn Jesus mit dem Finger auf die Erde schreibt, so will er damit ausdrücken, dass das Karma der Ehebrecherin auf der Erde geschrieben steht und von der Erde aufbewahrt wird, bis das Gesetz erfüllt ist. Er fragte damit indirekt die Pharisäer, worüber sie ein solches Aufheben machten, wüssten sie doch nur zu genau, dass es nicht Sache der Menschen sei, Karma auszugleichen. Karma würde gemäß ewiger Gesetzmäßigkeiten ausgeglichen.

Auch dieser Aspekt der Überlieferung des Johannes hat eine zeitlose Bedeutung. Auch in der Gegenwart wird aus Wut, Empörung, Vergeltungssucht und Rachedenken immer wieder nach strenger Bestrafung von Verbrechern gerufen. Auch hier ermahnt uns Jesus: „Wer von euch ohne Sünde ist, der werfe den ersten Stein." Auch wir sollten demütig anerkennen, dass es nicht unsere Angelegenheit ist, das karmische Gesetz vollziehen zu wollen. Das kosmische Gesetz des Ausgleiches wirkt präzise und vollkommen fehlerfrei! Es wäre vielmehr angebracht, in uns selbst hineinzuschauen und uns zu fragen, ob wir wirklich den moralischen Anspruch zu Recht erheben, einen anderen Menschen verurteilen zu wollen? Nicht selten findet sich gerade das, was häufig einer strengen Strafe zugeführt werden soll, als versteckte Eigenschaft in denjenigen, die am lautesten nach Vergeltung rufen.

So wie Jesus den Pharisäern die Notwendigkeit der Innenschau vorführt und sie damit zum Verzicht auf Vergeltung und Rache bewegt, sollte auch die Menschheit der Gegenwart auf Vergeltung und Rache verzichten. Mit zunehmender Selbsterkenntnis wird das Unberechtigte und Lieblose dieses Vorgehens deutlich, und so wie die Pharisäer zu einem Handeln unter Einfluss ihres höheren Selbst angeregt wurden, könnten auch unsere Gesellschaften von einer Gesetzgebung der Vergeltung zu einem Ausgleich über das Verzeihen finden.

Die beiden Mörder am Kreuz

Eine weitere beeindruckende Erzählung des Neuen Testamentes wird im Lukas-Evangelium überliefert. Es handelt sich um die beiden Mörder, die neben Christus ans Kreuz geschlagen worden waren. Lukas erzählt: „Einer der Verbrecher, die neben ihm hingen, verhöhnte ihn: „Bist du nicht der Messias? Dann hilf dir selbst und auch uns!" Der andere aber wies ihn zurecht und sagte: „Fürchtest du nicht einmal Gott? Dich hat doch das gleiche Urteil getroffen. Uns geschieht Recht, wir erhalten den Lohn für unsere Taten. Dieser aber hat nichts Unrechtes getan." Dann fügte er hinzu: „Jesus, denke an mich, wenn du in dein Reich kommst." Und Jesus antwortete ihm: „Amen, ich sage dir, heute noch wirst du mit mir im Paradies sein.""[26]

Zwei Verbrecher, zwei Mörder, die beide zum Tod verurteilt waren, doch wie unterschiedlich reagierten sie. Der erste Verbrecher war verhärtet. Auch in diesem Augenblick höchster Dramatik, am Kreuz hängend, den Tod vor Augen, zeigt er keine Spur von Reue oder Selbsterkenntnis, sondern hat nur Spott bereit. Er fordert Jesus höhnisch heraus: „Wenn du der Messias bist und das stimmt, dann zeig es uns! Rette dich doch, und wenn du schon einmal dabei bist, dann rette uns doch gleich mit!"

Der andere Mörder ist entsetzt über ein solches

---

[26] Lukas 23, 39-43

Ausmaß von Hartherzigkeit, vom Spott und von der Uneinsichtigkeit des anderen Gekreuzigten. Er setzt sich für Jesus ein, indem er darauf hinweist: „Dieser Mann hängt hier zu Unrecht, denn er hat nichts Böses getan. Wir aber hängen hier mit Recht, denn wir verdienen diese Strafe als Vergeltung für unsere Verbrechen."

Die beiden Mörder neben Jesus sind gleichsam ein Symbol für die beiden Einstellungen, die wir im Zusammenhang mit der Frage des Verzeihens bereits mehrfach beobachtet haben. Der erste Mörder ist verhärtet und uneinsichtig. Er hat nur Spott übrig. Er steht für den Menschen, der nur aus dem Ego heraus lebt. Der zweite Mörder, der zu einer gewissen Selbsterkenntnis gelangt ist und aus dieser heraus für Jesus eintritt, steht für den Menschen, der einen ersten Impuls seines höheren Selbst aufgenommen hat.

Weil der zweite Mörder zur Reue gelangt ist und so eine erste Verbindung zum höheren Selbst errichtet hat, kann Jesus ihm Vergebung schenken. Die beiden Voraussetzungen, die zum Gewähren von Verzeihung erforderlich sind, liegen hier vor – die Bereitschaft des einen, die Verzeihung zu gewähren, und die Bereitschaft des anderen, Vergebung anzunehmen. Da der erste Mörder in seiner Verstocktheit verharrte, konnte selbst Jesus ihm nicht die Gnade des Vergebens schenken, denn sein höheres Selbst war noch völlig von der Persönlichkeit getrennt. Jesus hätte in seinen freien Willen eingreifen und damit gegen ein göttliches Gebot verstoßen müssen. Dies war nicht möglich. So konnte er keine Vergebung empfangen.

Der zweite Mörder ahnte zumindest, wer Jesus sein könnte, was auf einen ersten Impuls seitens seines höheren Selbst hinweist; und dieser schwache Impuls und die gezeigte Reue waren ausreichend, um von Jesus die Gnade der Vergebung zu empfangen.

Wenn der reuige Mörder über eine gewisse Kenntnis der geistigen Gesetzmäßigkeiten verfügt hätte, wäre seine Bitte vielleicht folgendermaßen ausgefallen: „Jesus, kannst du mich mitnehmen, wenn du in die Lichtwelt reist, die jenseits des Todes auf die reinen Seelen wartet? Ich weiß, ich habe dies wegen des Mordes, den ich begangen habe, nicht verdient. Mein Schicksal wäre es, in der dunklen astralen Welt zu verharren und mich zu läutern. Aber vielleicht kannst du mich ausnahmsweise doch mitnehmen?"
Und Jesus hätte dann antworten können: „Heute noch wirst du mit mir durch alle astralen Sphären reisen und in die höhere Lichtwelt eintreten. Ich selber nehme dich mit auf diese Reise."
Die Tatsache, dass jener Mörder sich in der Reue und Anerkennung Jesu von seinem höheren Selbst leiten ließ, bot Jesus die Möglichkeit, das Gesetz der Vergeltung aufzuheben und ihn mit sich in die Lichtwelt zu nehmen. Die innere Wandlung war, zumindest in diesem speziellen Fall der Menschheitsgeschichte, ausreichend, um die Gnade Jesu zu empfangen. Das höhere Selbst hatte das Ego überwunden.
Dieses gleichnishafte Geschehen zeigt auch dem heutigen Menschen noch immer die zwei Wege auf:

Den Pfad des Egos, der Verhärtung, der Vergeltung und der Verbitterung zu gehen oder sich aus dem höheren Selbst heraus für Reue, Vergebung und ein Beenden des Karma-Gesetzes zu entscheiden und dem Pfad des Christus-Bewusstseins zu folgen. Die Wahl liegt bei jedem Einzelnen. Wer sich für den Weg der Verzeihung entscheidet, und damit für die Gnade, begibt sich auf einen Pfad, der zum Ende des Wirkens von Karma führt.

Kapitel 10

Erfahrungen aus dem täglichen Leben

Wenn ich bei Vorträgen auf das Thema „Verzeihung" eingehe, werden oft Fragen gestellt, die sich auf ganz alltägliche Lebenssituationen beziehen. Ich möchte einige von diesen Fragen und meine Antworten darauf am Schluss dieses Buches anführen, in der Hoffnung, sie mögen auch für andere Menschen – nicht nur für den Fragesteller – hilfreich sein.

1) Das widerspenstige Ego

Viele Menschen fragen danach, wie sie ihr Ego überwinden können, da dies für die Fähigkeit zu verzeihen von so großer Bedeutung ist.

Nun habe ich ausführlich dargelegt, inwiefern Vergebung ein Prozess ist, der viel Zeit in Anspruch nimmt und nicht im Handumdrehen vonstatten geht. Das Ego muss schrittweise zum Bewusstsein seines höheren Selbst erwachen und diesem Schritt für Schritt die Herrschaft überlassen. Dies ist ein Reifevorgang, der eine lange Zeit und viel Geduld und Ausdauer erfordert.

Am Beginn dieses Geschehens wird sich das Ego herzlich wenig aus dem höheren Selbst machen. Der Impuls aus einer höheren Wirklichkeit ist nur schwach, und das Ego empfindet in seinem Herrschaftsgebiet keine wirkliche Bedrohung. Erst nach einiger Zeit und einem gewissen Maß an Selbstüberwindung entwickelt sich das höhere Selbst zu einer bleibenden Kraft im Inneren des Menschen und wird somit langsam zu einer echten 'Bedrohung' für das Ego. Die kleine Persönlichkeit, die um ihre armseligen Besitztümer fürchtet, beginnt sich vehement zu widersetzen. In dieser Phase, in der bereits eine Ahnung für die Kraft des Verzeihens und den Segen der Vergebung gewachsen ist, werden sich alle Triebe und Emotionen des Menschen noch einmal mit aller Kraft zu Wort melden. Er wird erschrecken über das Ausmaß an Ärger, Wut, Aggression, Gereiztheit, Eifersucht oder Lieblosigkeit, die sich in ihm überaus deutlich zeigen.

Wer den Einweihungsweg bis zu diesem Punkt beschritten hat, sollte wissen, dass dies ein gesetzmäßiges Geschehen ist. Es ist der letzte Versuch des Egos, seine Bastionen zu verteidigen und sich der Übernahme des höheren Selbst zu widersetzen. Das Ego spürt ganz deutlich, in welchem Maß andere Werte und Eigenschaften zum Tragen kommen, die seinen niedrigen Motiven entgegengesetzt sind. Es mobilisiert alle Energien, alle

Emotionen und Begierden, um die Persönlichkeit unter Kontrolle zu behalten. Diese spürt die Möglichkeit der Wahl und kämpft einen dramatischen Geisteskampf, um sich für das Höhere zu entscheiden.

In dieser Situation erringt es den Sieg, wenn es sich selbst überwindet und den Eigenwillen aufgibt; denn nicht aus dem Eigenwillen ist die Übergabe an das höhere Selbst zu verwirklichen, sondern durch Hingabe. Solange das Ego mit Willenskraft versucht, sich selbst zu überwinden, stärkt es jene Kräfte, die es gerade überwinden möchte. Das „Ich will" gehört in die Welt des Egos, das „Dein Wille geschehe" dagegen zur Sphäre des Christus-Bewusstseins.

Im Wissen um die geistigen Gesetzmäßigkeiten wäre es daher ein weises Verhalten, nicht mehr zu *wollen*, sondern sich dem Christus-Geist hinzugeben. Zuerst jenem, der im Inneren des Menschen wirkt, und dann der Christus-Wesenheit in der Geistigen Welt. Wem der Übergang zu diesem Bewusstsein der Hingabe und des „Dein Wille geschehe" gelingt, wer in die vollkommene Stille der Christus-Sphäre einzutreten vermag, der wird mit Erstaunen feststellen, dass die Macht des Egos von einem Augenblick zum anderen verschwunden ist. Alle Begierden und Emotionen, die gerade noch so bedeutsam waren, sind gleichsam wie von Zauberhand weggewischt.

Ein Weg zu dieser Erfahrung kann im Gebet liegen. Wer wirklich aus tiefstem Herzen sein Gebet an den Geist des Christus zu richten vermag, öffnet sein inneres Wesen so weit, dass SEINE Kraft einzufließen vermag. Diese

Kraft wird dann die Macht des Egos mit der Schnelligkeit eines Wimpernschlages überwinden.

Es sollte aber jedem geistig Strebenden bewusst sein, dass für diesen letzten Schritt bereits eine große geistige Reife erforderlich ist. Man sollte nie unterschätzen, mit welcher Macht das Ego seinen Einflussbereich verteidigen wird. Für die kleine, egoistische Persönlichkeit ist es ein Kampf auf Leben und Tod. Für den Menschen, der zwischen der Welt des Egos und den Sphären des höheren Selbst, des Christus-Bewusstseins, steht, ist er nur zu gewinnen, indem er nicht mit den Waffen des Egos kämpft. Das Ego ist nicht auf seiner eigenen Ebene zu überwinden, sondern nur mit jenem LICHT, das aus der Hingabe an den Christus einzustrahlen beginnt. Die Grundbedingung dafür ist, sich von der Idee der Vergeltung zu befreien und den Weg des Vergebens und Verzeihens einzuschlagen. Er ist der sicherste Weg, um die Kraft und das Licht des Christus in die Persönlichkeit herabzurufen.

Die Erzählung vom „Stillen des Sturmes", wie sie Markus überliefert, verdeutlicht gleichnishaft den gerade geschilderten geistigen Übergangsprozess.

„Gleich darauf forderte er seine Jünger auf, ins Boot zu steigen und ans andere Ufer nach Bethsaida vorauszufahren. Er selbst wollte inzwischen die Leute nach Hause schicken. Nachdem er sich von ihnen verabschiedet hatte, ging er auf einen Berg, um zu beten. Spät am Abend war das Boot mitten auf dem See, er aber war allein an Land. Und er sah, wie sie sich beim Rudern abmühten, denn sie hatten Gegenwind. In der vierten Nachtwache ging er auf dem See zu ihnen hin, wollte aber an ihnen vorübergehen. Als sie ihn über den See gehen sahen, meinten sie, es sei ein Gespenst und schrien auf. Alle sahen ihn und erschraken. Doch er begann mit ihnen zu reden und sagte: „Habt Vertrauen. Ich bin es. Fürchtet euch nicht!" Dann stieg er zu ihnen ins Boot, und der Wind legte sich."[27]

Das Meer oder allgemein das Wasser steht immer für unsere Triebe und Emotionen, ganz allgemein also für unser Ego. Aufgrund des Sturmes, der in unserem Inneren tobt – und den das Ego herbeiführt, um seine Macht zu verteidigen – geht es uns ähnlich wie den Jüngern. Wir scheinen nicht voranzukommen. Erst wenn wir den Christus in unserer Mitte aufnehmen, beginnt sich der Sturm zu legen. Bittet um Hilfe, nehmt den Christus im Herzen auf, und der Sturm wird gestillt.

Die Jünger, die zum engsten Kreis um Jesus gehörten, wie auch die Evangelisten, die mit ihnen verbunden blieben, erhielten jahrelang eine Einweihung in die esoterischen Lehren. Nach seinem Tod und im Anschluss an seine Auferstehung und Himmelfahrt versuchten sie, denen, die „Ohren hatten zu hören", in Erzählungen, Gleichnissen und Symbolen jenes Wissen des inneren Kreises schrittweise zu übermitteln. Dies gelang sicher-

---
[27] Markus 6, 45-51

lich nicht zu Lebzeiten der ersten beiden Generationen nach Jesus, und vielleicht ist erst die heutige Menschheit wirklich reif, die Botschaft zu verstehen, die in vielen Überlieferungen und Erzählungen des Neuen Testamentes verborgen liegt. So wird erst dann, wenn man den Unterschied zwischen Ego und höherem Selbst verstanden hat, deutlich, welche Symbolik in der Erzählung vom „Stillen des Sturmes" liegt.

2) Lerne, dir selbst zu vergeben

Sich selbst zu vergeben, erweist sich häufig als noch schwieriger, als anderen zu vergeben. Viele Menschen sind sich selbst gegenüber härter und mitleidloser als gegenüber anderen. Das hängt zu einem erheblichen Maß mit den Ansprüchen zusammen, die der Einzelne an sich selbst stellt. Vor allem weil sie selten als erfüllt betrachtet werden. In den meisten Fällen fordert die Selbstkritik einen besseren, schöneren, stärkeren oder klügeren Menschen als es die Ausgabe ist, die momentan vorhanden ist. Das gegenwärtige „Ich" wird nicht respektiert und innerlich angenommen als das, was wirklich ist, sondern es wird als ungenügend angesehen. Es 'macht zu wenig her'!

Um sich selbst vergeben zu können, muss man imstande sein, sich mit einer gewissen Distanz zu betrachten. Man muss sich selbst gegenüber Erbarmen, Großherzigkeit und Mitgefühl praktizieren. Erst dann, wenn man aufgehört hat, sich selbst ständig zu kritisieren und zu verurteilen, wenn man nicht mehr lieblos und hart die eigenen Schwächen hervorhebt, sondern sich selbst mit einem Lächeln schmunzelnd beäugen kann – hat man einen ersten Schritt zur Selbst-Vergebung getan. Die Distanz ist dafür eine unabdingbare Voraussetzung, weil sie einen gewissen Abstand zu den Emotionen des eigenen Egos schafft, die ja auch für die überzogene Selbstkritik verantwortlich sind. Wenn man sich aber das eigenwillige Gehabe des aufgeblähten Egos gleichsam von Ferne anschaut, fällt das Schmunzeln viel leichter. Genauso wie man ja auch lächeln kann über die ins Auge stechenden Schwächen anderer Personen.

Dieser Abstand von den Turbulenzen des eigenen Egos ist, von einem tieferen Blickwinkel her betrachtet, bereits ein Schritt hin zur Verbindung mit dem höheren Selbst. Sich selbst zu verzeihen, ist ebenfalls eine unumgängliche Voraussetzung, um die höheren Kräfte einfließen zu lassen und zum Verzeihen für andere zu finden. In dem Maße, wie der Mensch lernt, sich selbst zu vergeben, schreitet er voran auf dem Einweihungsweg zum Vergeben. Er hat also in der Selbst-Vergebung einen guten Gradmesser für den eigenen Fortschritt. Sich selbst zu verzeihen und anderen zu verzeihen, ist ein untrennbares Ganzes. Das eine ist nicht vom anderen unterschieden.

3) Vergebung für und von Verstorbenen

In vielen Fällen, in denen unerwartet ein Mensch in die Geistige Welt zurückkehrt, mit dem man eine intensive Beziehung gelebt hat, geschieht es, dass noch „unerledigte Geschäfte" zurückbleiben, wie es Elisabeth Kübler-Ross zu nennen pflegte. Dann stellt sich die Frage, ob es möglich ist, diese noch mit den Menschen auf der anderen Seite des Lebens zu klären. Ist Vergebung zwischen noch auf Erden Lebenden und schon Verstorbenen möglich?

Diese ist zweifelsfrei möglich, und zwar auf eine überaus intensive Art und Weise. Bereits in der ersten Phase des Übergangs in die jenseitige Welt ist der Verstorbene mit der Rückschau über sein vergangenes Erdenleben befasst. Er setzt sich sorgfältig mit seiner zurückliegenden Inkarnation auseinander.[28] In der Klarheit und Unbestechlichkeit der Rückschau erkennt der Verstorbene, welche Fehler er begangen und welchen Menschen er Unrecht zugefügt hat. Er begreift, in wie vielen Fällen er eigentlich noch um Vergebung hätte bitten müssen.

Diese Phase der Rückschau durchlebt jeder, der in die Geistige Welt zurückkehrt; und sobald er seine Versäumnisse einsieht, entsteht in ihm der Wunsch, den einen oder anderen auf der Erde Zurückgebliebenen um Verzeihung zu bitten. Dies wird er auch tun, sobald ihm wirklich die Zusammenhänge deutlich bewusst geworden sind. Bei dem einen oder anderen mag eine innere

---

[28] Vgl. dazu: Hans Stolp/M. van den Brink, Begegnungen im Lichtreich, Grafing 2005

Verhärtung länger benötigen, bis sie aufbricht, aber früher oder später kommen die meisten Verstorbenen an den Punkt, an dem sie andere um Vergebung bitten möchten. Nur wirklich verstockte und extrem uneinsichtige Menschen müssen alle ihre Verfehlungen in eine neue Inkarnation mitnehmen, um dort endlich mit ihrer Aufarbeitung zu beginnen.

Viele Menschen, die an den Punkt gekommen sind, wo sie aus der Geistigen Welt heraus um Vergebung bitten, haben dann jedoch mit dem Problem zu ringen, dass ihre Bitte um Vergebung von den noch auf Erden Lebenden nicht wahrgenommen wird und daher unbeantwortet bleibt!

Es wäre eine außerordentlich große Hilfe für die Verstorbenen, wenn auf Erden das Verständnis dafür wachsen würde, dass Vergebung auch über das Grab hinaus möglich ist! Menschen, die inmitten eines ungelösten Konfliktes durch den Tod getrennt werden, können einander auch dann noch gegenseitige Verzeihung gewähren. Beide sind in der Lage, ihre inneren Prozesse fortzusetzen und sich so, jeder in seiner Welt, letztlich doch noch gegenseitig zu vergeben. Wenn der auf der Erde Verbliebene diesen Schritt vollzieht, überreicht er dem Verstorbenen ein überaus kostbares Geschenk. Er befreit sich nicht nur selbst von einer alten Last, von einem alten Groll, den er vielleicht lange Jahre mit sich herum getragen hat, er ermöglicht es vor allem dem Verstorbenen, seinen Weg ins Licht unbelasteter fortzusetzen. Häufig binden nämlich „unerledigte Geschäfte" die Verstorbenen an diejenigen, denen sie noch nicht vergeben haben oder die ihnen noch nicht vergeben haben. Wird dieses unheilvolle Band in Liebe gelöst, werden beide Beteiligte eine erhebliche Erleichterung und wahrhafte Befreiung empfinden.

Ganz praktisch kann dies dadurch geschehen, dass ein Hinterbliebener einem Verstorbenen beispielsweise einen Brief schreibt, in dem er ihn um Vergebung bittet. Dieser Brief könnte dann, eventuell mit anderen Beteiligten, in einem kleinen Ritual verlesen werden. Es kann kein Zweifel bestehen, dass diese Botschaft den Empfänger erreicht! In vielen Fällen bemerkt der Briefschreiber schon während des Verlesens, welche Wirkung für ihn und den anderen von diesem Brief ausgeht.

Ich habe viele Erfahrungsberichte von Menschen erzählt bekommen, in denen ein Verstorbener, sei es ein Vater, eine Mutter, ein Ehepartner oder ein Freund, jemandem im Traum, im Gebet oder in der Meditation erschien, um ihm zu vergeben. Diese Erlebnisse zeigen, wie innig die Verbindung zwischen Menschen noch ist, die diesseits und jenseits des großen Schleiers leben. Wer dies begreift, wird einsehen, welche wunderbare Tat es sein kann, einander über den Tod hinaus zu verzeihen!

4) Wie oft sollte man vergeben?

In der Bibel findet sich jene bekannte Stelle, in der Jesus über das Vergeben spricht. Dort heißt es im Matthäus-Evangelium:

„Da trat Petrus zu ihm und fragte: „Herr, wie oft muss ich meinem Bruder vergeben, wenn er sich gegen mich versündigt? Sieben Mal?" Und Jesus sagte zu ihm: „Nicht sieben Mal, sondern siebenundsiebzig Mal.""[29]

Ein bemerkenswerter Text, der erst von der esoterischen Tradition her wirklich verständlich wird. Die Sieben gilt als die Zahl der Erde. Wenn Petrus fragt, ob er sieben Mal vergeben müsse, bezieht er sich auf die irdische Vergebung, auf die Gesetzmäßigkeit während einer Inkarnation.

Die Antwort Jesu beinhaltet zwei Zahlen, nämlich die Sieben und die Siebzig. In manchen Übersetzungen wird dieses Textstelle auch als „sieben Mal sieben Mal" wiedergegeben. Die Zahl „Siebzig" bezieht sich dabei auf die Zahl der Jahre auf Erden. Siebzig Jahre lebten beispielsweise die großen Patriarchen. Die Zahl will also eine Erdeninkarnation umschreiben.

Die Zahl Sieben bezieht Jesus in seiner Antwort auf die Anzahl der irdischen Leben. Er will also andeuten, man müsse jemandem in sieben aufeinander folgenden Erdenleben vergeben. Wenn man noch nicht im gegenwärtigen Leben vergeben kann, so wird man noch sieben weitere Möglichkeiten bekommen. Es kann also etliche Leben dauern, bis Vergebung wirklich erfolgt ist.

Ich glaube, dass Jesus aus seiner umfassenden Wahrnehmung heraus erschaute, wie lange der Prozess der Vergebung dauerte, wie viele Inkarnationen er für viele Menschen erfordern würde. Wenn man sich die

---

[29] Matth. 18, 21 f.

Geschichte der Menschheit vor Augen führt, dann dürfte die Zahl von „sieben Leben" kaum unterschritten worden sein; denn viele Menschen haben noch immer große Probleme damit, sich und anderen zu vergeben.

Wie hilfreich wäre es doch für den Entwicklungsweg jedes Menschen, könnte er Vergebung bereits in dem Leben gewähren, wo die Handlungen, die zu vergeben wären, ausgelöst wurden. Alte Bindungen, unselige Verwicklungen müssten nicht erst viele Inkarnationen lang mitgeschleppt werden, sondern könnten schon in der gegenwärtigen Verkörperung vergeben und ausgeglichen werden. Es wären nicht sieben Erdenleben notwendig, sondern Karma könnte schnell ausgeglichen und so endgültig überwunden werden.

Das Zeitalter des Karma-Gesetzes kann nur dann vom Zeitalter der Gnade ersetzt werden, wenn der Mensch lernt, unmittelbar zu vergeben und nicht alte Verletzungen oder alte Schuld über viele Erdenleben mit sich herum trägt.

5) Ist wahres Vergessen möglich?

Entspricht der Ausdruck „vergeben und vergessen" der Realität oder ist er nur ein Wunschtraum? Er wäre es, wollte man nur von der Ebene der Persönlichkeit darauf schauen. Das Ego wird kaum dazu bereit sein, zu vergeben und zu vergessen. Nur aus dem Bewusstsein des höheren Selbst kann ein Individuum wirklich vergeben und dann auch vollständig vergessen. Allerdings wird auch dies erst am Ende eines langen Reifeprozesses stehen, wie viele Erfahrungsberichte von Menschen, die diesen Weg beschritten haben, belegen.

Da alles Geschehen im Weltgedächtnis aufbewahrt wird, kann, gemäß der esoterischen Tradition, das Vergessen nicht darin bestehen, die Vergangenheit gleichsam auszulöschen. Dies ist natürlich nicht möglich; doch sie spielt im Denken und in der Gefühlswelt des Menschen keine Rolle mehr, wenn Vergangenes vergeben und somit vergessen wurde.

Nicht allen Menschen gelingt es, alte Verletzungen wirklich ganz zu vergessen. Sollte dies der Fall sein, wäre es nicht hilfreich, sich deswegen wieder neue Vorwürfe zu machen oder zu kritisieren. Empfehlenswert ist es in einem solchen Fall, loszulassen und nicht innerlich zu verkrampfen. Im Laufe der Zeit wird das einströmende Christus-Licht diese Veränderungen auf ganz natürliche Art und Weise herbeiführen.

6) Die Bitte um Vergebung

Jeder, der einmal im Prozess der Vergebung den ersten Schritt getan hat, um auf einen anderen Menschen zuzugehen, wird bestätigen, welchen Mut und welches Maß an Selbstüberwindung dies erfordert. Wenn jedoch der erste Schritt einmal erfolgt ist, gewinnt das Gesamtgeschehen eine Eigendynamik. Zeigt man demjenigen, den man verletzt oder gekränkt hat, dass man dieses Verhalten von Herzen bereut und den Schmerz nachempfinden kann, den man verursacht hat, so wird in den meisten Fällen das Gegenüber auch einen Schritt hin auf den um Vergebung Bittenden tun. Nur wenige Menschen sind so verhärtet, um eine Bitte um Vergebung schroff zurückzuweisen.

Wenn man sich selbst eine Situation in Erinnerung ruft, in der ein Freund, Partner, Berufskollege oder Kind um Verzeihung gebeten hat, so wird man feststellen, wie leicht es doch war zu sagen: „Schwamm drüber! Vergeben und vergessen." Dabei spürt man, wenn diese Worte aus dem Herzen kommen, wie sich der alte Ärger wirklich gleichsam wie in Luft auflöst. Zugleich wird der Blick auf den anderen wieder unverstellt. Die Schatten, die sich zwischen zwei Menschen legen, die einen Groll auf einander hegen, verdunkeln die korrekte Wahrnehmung für einander.

Verweigert dagegen ein Mensch (Täter) die Bitte um Vergebung, so wird es seinem Gegenüber (Opfer) weitaus schwerer fallen, die alte Angelegenheit zu vergessen und zu begraben. Der Verarbeitungsprozess wird ungleich länger dauern, als wenn er durch ein gemeinsames Verzeihen begleitet und beschleunigt würde.

Wenn der Täter das Opfer nie um Verzeihung bittet, wird es auch nicht zur Heilung ihrer Beziehung kommen. Zwar kann das Opfer von sich aus einen Beitrag zur Lösung der unglücklichen Bindung beider beitragen, indem es von sich aus vergibt und somit die karmische

Anhaftung von einer Seite aus unterbricht, doch ist damit erst die Hälfte der Aufarbeitung geleistet.

Problematisch ist es auch, wenn man spürt, wie ein anderer nur scheinbar um Vergebung bittet, während innerlich kein wirkliches Bereuen des eigenen Fehlverhaltens vorliegt. In diesem Fall wird sich beim Opfer ein innerer Widerstand zeigen, der allerdings sorgfältig beobachtet werden muss, damit nicht das eigene Ego ins Spiel kommt. Nur wenn der innere Widerwillen sich massiv zeigt, darf auch eine Bitte um Vergebung verwehrt werden. Ehrlichkeit sich selbst gegenüber darf hier die Oberhand gegen eine möglicherweise nur vorgetäuschte Bitte um Vergebung behalten.

7) Das Christus-Licht

Wer den Gedanken dieses Buches bis zum gegenwärtigen Punkt gefolgt ist, mag vielleicht ein wenig erschrocken sein über die vielen geistigen Aufgaben, die sich auf dem Einweihungsweg zum Vergeben aufzutürmen scheinen. Stehen wir wirklich allein auf diesem mühevollen Pfad, der so viel Überwindung von uns fordert? Zum Glück nicht! Und dies ist vielleicht der größte Trost für Menschen, die schreckliche Schicksale erfahren mussten. Für Eltern, denen vielleicht ein Kind ermordet wurde, oder für Männer und Frauen, die als Kinder jahrelang missbraucht worden sind.

Wie können Menschen nach solchen Verletzungen

verzeihen? Ist dies wirklich möglich? Können sie ihre alten Hassgefühle überwinden, ihre Bitterkeit und ihren Groll loslassen und ihre Herzen wieder mit Liebe füllen? Können sie den Tätern aus echtem Verzeihen vergeben? Überfordert dies nicht den schwachen Menschen?

Überall dort, wo Menschen nur den ersten Schritt unternehmen, um Verzeihung zu schenken und Vergebung zu gewähren, umfängt sie das Licht des kosmischen Christus. Wenn das eigene Leid zu schwer zu sein scheint, um es noch länger alleine zu schultern, kommt durch das Angebot zu verzeihen Christus selbst den Menschen guten Willens zu Hilfe und trägt mit ihnen ihren Schmerz, ihre Ohnmacht und ihren Kummer. Er schenkt ihnen Kraft, um auf dem Weg des Vergebens weiterzuschreiten, auf dem Pfad des Verzeihens, der allein zur Erlösung führt. Dies ist nicht nur eine tröstende Aussage, hier schreibe ich aus meinem tiefsten eigenen Erleben.

„Kommet her zu mir, ihr alle, die ihr euch plagt und schwere Lasten zu tragen habt. Ich werde euch Trost schenken."[30]

Christus schenkt uns seinen Trost und seine Hilfe – aber nach seinem Maß. Die Hilfe aus dem LICHT ist keine gesetzmäßige Angelegenheit. Wir bewegen uns hier nicht mehr im Zeitalter des Karma. Doch wenn wir die äußersten Anstrengungen unternommen haben, um mit unserer gesamten Kraft von unserer kleinen Persön-

---

[30] Matth. 11, 28

lichkeit zu unserem göttlichen Selbst zu streben, wenn wir uns mit ganzem Herzen bemüht haben, von der Vergeltung zur Vergebung zu schreiten – dann kann das Christus-Licht uns erfüllen. So wird wahres Verzeihen zum Schlüssel der Erlösung.

Wer dies erfahren hat, der weiß, wie unzulänglich Worte sind, um jenes Geheimnis zu beschreiben.

HANS STOLP

Hans Stolp
Mit Engeln leben
Pbk., 160 Seiten,
ISBN 3-89427-252-X

Die Engel gestalten das Leben der Erdenmenschen nicht von einem fernen Himmel aus. Sie sind anwesend, im Hier und Jetzt, und warten nur auf das Erwachen ihrer Erdenschützlinge, um diese noch weitaus intensiver als bisher mit ihrer Liebe und Inspiration beschenken zu können.
Hans Stolp hat sich in diesem Engel-Handbuch bemüht, Wege aufzuzeigen, auf denen Engel und Menschen zueinander finden und miteinander leben können.

Hans Stolp/
Margarete van den Brink
Begegnungen im Lichtreich
Der Umgang mit Verstorbenen
Pbk., 180 Seiten,
ISBN 3-89427-186-8

In diesem Buch gehen Hans Stolp und Margarete van den Brink in überaus feinfühliger Weise darauf ein, welche Verbindung noch immer zwischen jenen besteht, die einstmals auf Erden in Liebe verbunden waren, von denen einer jedoch inzwischen durch eine geheimnisvolle Pforte gegangen ist. Sie zeigen auf, dass ein Band der Liebe die Grundlage bietet, um auch mit den Verstorbenen in einer geistigen Verbindung zu bleiben. Nichts kann für ewig getrennt werden, was eine höhere Macht einst in Liebe verbunden hat! Ein Buch, das Himmelstüren öffnet und die Botschaft von der Unsterblichkeit des Lebens verkündet!

Hans Stolp
Der Weg ins Jenseits
Pbk., 140 Seiten,
ISBN 3-89427-257-0

Wann immer ein geliebter Mensch stirbt, ist dies für die Hinterbliebenen in den ersten Tagen ein furchtbarer Schock, wenn es unerwartet geschieht, oder ein großer Schmerz, wenn ein Partner oder Freund nach langer Krankheit seinen Körper verlässt.
Hans Stolp schildert diese Situation mit großer Einfühlsamkeit und beschreibt die verschiedenen Phasen der Trauerarbeit. Mit Blick auf jene Menschen, die sich auf dem „Weg ins Jenseits" befinden, erklärt er den Trauernden, wie sie eine innere Verbindung zu ihren Lieben auf der „anderen Seite" aufbauen können. So kann es gelingen, mit den Weitergegangenen in Verbindung zu bleiben, bis einst eine Wiedervereinigung stattfinden wird.
Ein wundervolles Trostbuch und ein überaus hilfreicher Begleiter in Sterbesituationen!

Gisela Weigl/Franz Wenzel
Der entschleierte Tod
Pbk. 150 Seiten,
davon 24 ganzseitige Farbtafeln
ISBN 3-89427-223-6

Mit diesem Werk liegt eine vollständige Darstellung des Mysteriums der neuen Geburt vor, die so unrichtig als Tod bezeichnet wird. In beeindruckenden Bildern wird jede Stufe des Sterbegeschehens enthüllt, von der Lösung des Ätherkörpers bis zum Aufstieg in die Welten des Lichtes. Die jenseitigen Reinigungsstufen werden durchschritten, das vergangene Erdengeschehen wird mit den Augen der Seele rückschauend erlebt, bis nach dem endgültigen Abschluss dieser Inkarnation die Freude des Wiedersehens mit all jenen erlebt wird, mit denen die zurückgekehrte Seele auf Erden in Liebe verbunden war. Doch auch in die Reiche des Schattens führt der Blick des Sehers – und mahnend erweist sich das Schicksal all jener, die, auf gottlosen Pfaden wandelnd, sich nun mühsam ringend den Pfad ins Licht bahnen müssen.

Das Tor zur Unendlichkeit
Geb., 152 Seiten
ISBN 3-922936-48-2

Dieses Buch ist erfüllt von einer feinen spirituellen Strahlkraft. Es schildert das Zwiegespräch mit Gott, das sich auf dem Pfad der Einweihung ereignet, bis das Tor zur Unendlichkeit erreicht ist.
Eine der schönsten Perlen mystischer Literatur.